百年精華　雲五文庫

春秋董氏學

臺灣商務印書館

春秋董氏學

「百年精華」序

臺灣商務印書館為慶祝民國百年大慶，決定從一百多年來出版過的好書中，挑出一些值得重新出版發行的絕版書，列入臺灣商務「百年精華」，從民國一百年起，逐年推出。

商務印書館成立於一八九七年，也就是中日簽訂馬關條約之後、中國醞釀「戊戌變法」之際，讓商務轉型成為中國最早的出版社的張元濟先生，即是在一八九八年戊戌變法失敗之後四年，進入商務印書館的。後來帶領商務成為中國第一大出版社的王雲五先生，則是在一九二一年由胡適先生推薦而擔任商務編譯所的所長。

張元濟和王雲五是帶領商務發展的兩大功臣，在他們主持期間出版了許多好書，至今仍然受到海內外讀者的重視。

民國五十三年(西元一九六四年)王雲五重新主持臺灣商務印書館後，再度為商務出版大量的好書，其中有許多早已售完絕版，一書難求，然而仍有許多讀者一再詢問再版之日。

為了滿足讀者的需求、為了延續好書的存在，臺灣商務特別挑選一系列的絕版好書，列入「百年精華」，重新編排，重新發行，以盡到文化傳承的責任。由於量的限制，沒有列入

「百年精華」系列的好書，則將分別列入「新岫廬文庫」、「雲五文庫」等系列，作多方面的出版。

「出版好書，有益人生，輔助教育，文化傳承」是商務印書館的百年傳統任務，臺灣商務印書館重編「百年精華」等系列，希望能為讀者作出最大的貢獻。

臺灣商務印書館董事長王學哲 謹序 九十九年十月十九日

康有爲先生遺容

(1858-1927)

春秋董氏學臺版序

春秋學分今古，左氏古學，公穀今學。南海康長素先生有為治今文公羊之學，究精微言大義，以董子何邵公所傳春秋之指為說。述董義，為春秋董氏學，衍何注，為春秋筆削大義微言考。舍經文，傳口說，鉤玄提要，以發明春秋在義不在事與文之指。尤以講述繁露，推衍條理，張三世三統之文，著王魯改制之說，以覇王之道，本於仁心，奉天改元，統理萬物，曰人道之極，即孔門傳統之人道思想也。

吾人考覽古今，凡一獨立之思想家，構思所及，必有其一完美之理想世界。如禮運孔子之大同，希臘柏拉圖之共和國，十六世紀英倫摩爾之烏托邦，培根之新蓬萊記（詳拙譯格萊夫斯中世教育史述培根新方法節拔新蓬萊記原文為The New Atlantis係溯源希臘名哲柏拉圖對話集克剎西亞士一文中之蓬萊仙島或西洋洲也Atlantis）如此之流，皆各有一所構想之和平瑋麗之社會。康氏發明孔子春秋大義，謂其建立三世系統，實踐三統改制，由據亂而升平，而躋於太平，良法美意，各有階梯，以成其進化之理想社會。初作新學僞經考，以恢復六經之本指，繼作孔子改制考，以總括創制立敎之原理，最後作大同書，以完成其進化之創論，而皆於董氏學一書，先發其大凡。故春秋公羊三世三統之說，乃康氏烏托邦之理想，篤信孔子當年曾有此偉大系統，寄於春秋，探本天元，範圍萬世，微言大義，（如三世為非常大義託干於魯為微言之類）

咸集於董生何君，而傳於來葉。康氏探本經術，創發新理，揭示其新社會進步之觀念，使其於傳統經學末期，成一手闢乾坤，轉移世運之新思想家，託其義於春秋，溯其學於董子，繼繼繩繩，成己成物，而衍其德業於無既者也。

春秋董氏學八卷，爲萬木草堂叢書之一，上海大同譯書局刊行。原有序，不著年月，據著者自編年譜，乃光緒二十年三十七歲時所作，越二年書成，又次年即光緒二十三年多印行。今臺灣商務印書館取原刊本重印行，余爲記其要略如右，以資學者考文硏誦之助焉。

中華民國五十七年六月四日、夏曆戊申端午後四日、鄉後學粵東平遠吳康敬軒謹敍於臺北。

春秋董氏學自序

苟非毛羽爪角之倫有所行必有道焉有所效必有敎焉無敎者謂之禽獸無道者謂之野人道敎何從從聖人聖人何從從孔子孔子之道何在在六經六經粲然深美浩然繁博將何統乎統一於春秋詩書禮樂並立學官統於春秋有據乎據於孟子孟子述禹湯文武周公而及孔子不及其他書惟尊春秋春秋三傳何從乎從公羊氏有據乎據於孟子孟子發春秋之學曰其事則齊桓晉文其文則史其義則丘取之矣左傳詳文與事是史也於孔子之道無與焉惟公羊獨詳春秋之義孟子述春秋之學曰春秋天子之事也穀梁傳不明春秋王義傳孔子之道而不光焉惟公羊詳素王改制之義故春秋之傳在公羊也春秋文成數萬其指數千大義烺烺然僅二一百餘脫畧甚矣

安能見孔子數千之大恉哉又多非常異義可怪之論意者不足傳信乎春秋緯孔子曰亂我書者董仲舒亂者理也太史公曰漢興唯董生明於春秋兩漢博士公羊家嚴彭祖顏安樂皆其後學劉向稱董仲舒爲王者之佐雖伊呂無以加劉歆作僞力攻公羊亦稱爲羣儒首朱子通論三代人物獨推董生爲醇儒其傳師說最詳其去先秦不遠然則欲學公羊者舍董生安歸雖然公羊家多非常異義可怪之說輒疑異之吾昔亦疑怪之及讀繁露則孔子改制變周以春秋當新王王魯絀杞以夏殷周爲三統如探家人筐篋日道不休董子何所樂而誕謾是董子豈愚而不知辯是然而董子舉以告天下則是豈不可用心哉吾以董子學推之今學家說而莫不同以董子說推之周秦之書而無不同若其探本天元著達陰陽明人物生生之

始推聖人制作之源揚綱紀白性命本仁誼貫天人本數末度

莫不兼運信乎明於春秋爲羣儒宗也然大賢如孟荀爲孔門

龍象求得孔子立制之本如繁露之微言奧義不可得焉董生

道不高於孟荀何以得此然則是皆孔子口說之所傳而非董

子之爲之也善乎王仲任之言曰文王之文傳於孔子孔子之

文傳於仲舒故所發言軼荀超孟實爲儒學羣書之所無若微

董生安從復窺孔子之大道哉顧是書久不誦於學官闕奪百

出如臨絕壑崩崖無絙索無鐵梁惟有廢然而返又自古學變

從今爲宋儒之學視董生舊說如遊異國語言不解風俗服食

宮室皆殊絕或不求其本而妄議之故二千年來遂如泛太平

洋而無輪艦適瀚海而無鄉導徒藹[藹]向若而驚望流沙而歎

人蹤幾絕近惟得江都淩氏曙爲空谷足音似人而喜然綠文

疏義如野人之入册府聾者之聽鈞天徒駭瑋麗不能贊一辭也况於條舉以告人哉不量寡啟數宗廟百官之美因董子以通公羊因公羊以通春秋因春秋以通六經而窺孔子之道本眯眯思之如圖建章之宮寫霓裳之曲豈有涯哉庶俾學者亦竭其鑽仰之愚云爾好學深思之君子其亦樂道之歟

春秋董氏學目

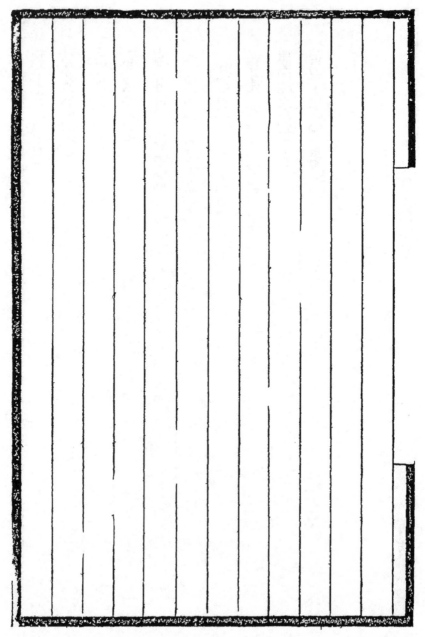

春秋董氏學卷一

南海康有爲廣廈學 一名祖詒

春秋旨第一

作經總旨

奉天

天子諸侯等殺

立君書不書

譏賞罰不當

親德親親

惡伐同姓

傷痛敦重

惡欲爲君則從其志

誅細惡以止亂

得衆

憂天下

譏不合羣

重志

聽獄本事原志

誅意

不畏強禦

爲善不法不取不棄

察微

春秋總義

孟子曰其事則齊桓晉文其文則史其義則丘竊取之蓋春秋所重在義不在文與事也吾有春秋改制在義不在事與文考夫春秋爲文

數萬其指數千今雖不能盡傳而公穀及董子劉向何邵公所傳春秋之指略可窺焉凡傳記稱引詩書皆述經文獨至春秋則徧周秦兩漢人傳記文史所述者皆未嘗引文但稱其義故知春秋言微與他經殊絕非有師師口說之傳不可得而知也今師說之傳只有董何二家何氏爲胡毋生例而漢人博士至嚴顏二家皆以董子爲祖師今專繹董子之說以求春秋之義先敘作經總指而摭其諸義附焉其大義與微言不能分析別爲一篇漢博士之學庶幾存什一於千百耶

作經總指

仲尼之作春秋也上探正天端王公之位萬民之所欲下明得失起賢才以待後聖故引史記理往事正是非序王公史記十

二公之間皆衰世之事故門人惑孔子曰吾因其行事而加乎王心焉以爲見之空言不如行事博深切明故子貢閔子公肩子言其切而爲國家賢也其爲切而至於殺君亡國奔走不得保社稷其所以然是皆不明於道不覽於春秋也故𧙃子夏言有國家者不可不學春秋不學春秋則無以見前後旁側之危則不知國之大柄君之重任也故或脅窮失國揜殺於位一朝至爾苟能述春秋之法致行其道豈徒除禍哉乃堯舜之德也故世子曰功及子孫光輝百世聖王之道莫美於恕故子先言春秋詳己而略人因其國而容天下春秋之道大得之則以王小得之則以霸故曾子子石盛美齊侯安諸侯尊天子霸王之道皆本於仁仁天心故次以天心愛人之大者莫大於思患而豫防之故蔡得意於吳魯得意於齊而春秋皆不告故次以言

怨人不可邇敵國不可狎攘竊之國不可使久親皆防患爲民除患之意也不愛民之漸乃至於死亡故言楚靈王晉厲公生弒於位不仁之所致也故善宋襄公不厄人不由其道而勝不如由其道而敗春秋貴之將以變習俗而成王化也故子夏言春秋重人諸譏皆本此或奢侈使人憤怨或暴虐賊害人終皆禍及身故子池言魯莊築臺丹楹刻桷晉厲之刑刻意者皆不得以壽終上奢侈刑又急皆不內恕求備於人故次以春秋緣人情赦小過而傳明之曰君子辭也孔子明得失見成敗疾時世之不仁失王道之體故因行事赦小過傳又明之曰君子辭也孔子曰吾因行事加吾王心焉假其位號以正人倫因其成敗以明順逆故其所善則桓文行之而遂其所惡則亂國行之終以敗故始言大惡殺君亡國終言赦小過是亦始於麤糲終

於精微敎化流行德澤大洽天下之人人有士君子之行而少過矣亦譏二名之意也俞序

俞序得春秋之本有數義焉以仁爲天心孔子疾時世之不仁故作春秋明王道重仁而愛人思患而豫防反覆於仁不仁之間此春秋全書之旨也春秋體天之微難知難讀董子明其託之行事以明其空言假其位號以正人倫因一國以容天下而後知素王改制一統天下春秋乃可讀法堯舜以待後聖迹子貢閔子子夏曾子子石世子公肩子子池諸先師之傳又以得春秋之傳授可謂提要鈎元矣

書必有序以發明其意序或自作或同時人作或後學作春秋言微孔子未能自序賴後學發明之後學明於春秋者莫如董子俞序者春秋之序云爾故以冠此書之首

春秋論十二世之事人道浹而王道備法布二百四十二年之中相爲左右以成文采其居參錯非襲古也（玉杯）

春秋二百四十二年之文天下之大事變之博無不有也雖然大略之要有十指十指者事之所繫也王化之由得流也舉事變見有重焉一指也見事變之所至者一指也因其所以至者而治之一指也强幹弱枝大本小末一指也別嫌疑異同類一指也論賢才之義別所長之能一指也親近來遠同民所欲一指也承周文而反之質一指也木生火火爲夏天之端一指也切譏刺之所罰考變異之所加天之端一指也舉事變見有重焉則百姓安矣見事變之所至者則得失審矣因其所以至而治之則事之本正矣强幹弱枝大本小末則君臣之分明矣別嫌疑異同類則是非著矣論賢才之義別所長之能則百官序

矣承周文而反之質則化所務立矣親近來遠同民所欲則仁恩達矣木生火火爲夏則陰陽四時之理相受而次矣切識刺之所罰考變異之所加則天所欲爲行矣統此而舉之仁往而義來德澤廣大衍溢於四海陰陽和調萬物靡不得其理矣說春秋者凡用是矣此其法也十指

春秋大義之所本耶六者之科六者之指之謂也然後援天端布流物而貫通其理則事變散其辭矣故志得失之所從生而後差貴賤之所始矣論罪源深淺定法誅然後絕屬之分別矣立義定尊卑之序而後君臣之職明矣載天下之賢方表謙義之所在則見復正焉耳幽隱不相踰而近之則密矣而後萬變之應無窮者故可施其用於人而不悖其倫矣正貫

故曰立義以明尊卑之分强幹弱枝以明大小之職別嫌疑之

行以明正世之義采摭託意以矯失禮善無小而不舉惡無小
而不去以純其美別賢不肖以明其尊親近以來遠因其國而
容天下名倫等物不失其理公心以是非賞善誅惡而王澤洽
始於除患正一而萬物備故曰大矣哉其號兩言而管天下此
之謂也盟會要
故春秋明得失差貴賤本之天王之所失天下者使諸侯得以
大亂之說而後引而反之故曰博而明切而深矣重政
孔子明得失差貴賤反王道之本譏天王以致太平刺惡譏微
不遺大小善無細而不舉惡無細而不去進善誅惡絕諸本而
已矣王道
春秋采善不遺小掇惡不遺大諱而不隱罪而不忽口口以是
非正理以褒貶喜怒之發威德之處無不皆中其應可以參寒

暑冬夏之不失其時而已故曰聖人配天所生（威德）

奉天

春秋之道奉天而法古（楚莊王）

春秋之序辭也置王於春正之間非曰上奉天施而下正人然後可以為王也云爾（竹林）

春秋之法以人隨君以君隨天（玉杯）

故屈民而伸君屈君而伸天春秋之大義也（同上）

天子諸侯等殺

春秋立義天子祭天地諸侯祭社稷諸山川不在封內不祭有天子在諸侯不得專地不專封不得專執天子之大夫不得舞天子之樂不得致天子之賦不得適天子之貴君親無將將而誅大夫不得世大夫不得廢置君命立適以長不以賢以貴不

以長立夫人以適不以妾天子不臣母后之黨王鈺

立君書不書

春秋之法君立不宜立不書大夫立則書書之者弗予大夫之得立不宜立者也不書予君之得立之也君之立不宜立者非也既立之大夫奉之是也荀息曼姑之所得爲義也玉英

譏賞罰不當

慶賞罰刑各有正處如春夏秋冬各有時也四政者不可以相干也猶四時不可相干也四政者不可以易處也猶四時不可易處也故慶賞罰刑有不行於其正處者春秋譏也四時之副

親德親親

是故吳魯同姓也鍾離之會不得序而稱君殊魯而會之謂其夷狄之行也雞父之戰吳不得與中國爲禮至於伯莒黃池之

行變而反道乃爵而不殊召陵之會魯君在是而不得爲主避
齊桓也魯桓卽位十三年齊宋衛燕舉師而東紀鄭與魯戮力
而報之後其日以魯不得遍避紀侯與鄭厲公也春秋常辭夷
狄不得與中國爲禮至邲之戰夷狄反道中國不得與夷狄爲
禮避楚莊也邢衛魯之同姓也狄人滅之春秋爲諱避齊桓也
爵其如此也唯德是親觀德

德等也則先親親魯十二公等也而定哀最尊衛俱諸夏也善
稻之會獨見內之爲其與我同姓也吳俱夷狄也柤之會獨先
外之爲其與我同姓也滅國十五有餘獨先諸夏魯晉俱諸夏
也譏二名獨先及之盛伯郜子俱當絕而獨不名爲其與我同
姓兄弟也出外者衆以母弟出獨大惡之爲其亡母背骨肉也
滅人者莫絕衛侯燬滅同姓獨絕賤其本祖而忘先也親等從

近者始立適以長毋以子貴先甲戌己丑陳侯鮑卒書所見也而不言其闇者隕石于宋五六鷁退飛耳聞而記目見而書或徐或察皆以其先接於我者序之其於會朝聘之禮亦猶是諸侯與盟者眾矣而儀父獨漸進鄭僖公方來會我而道殺春秋致其意謂之如會潞子離狄而歸黨以得亡春秋謂之子以領其意包來首戴洮踐土與操之會陳去我謂之逃歸鄭處而不來謂之乞盟陳侯後至謂之如會莒人疑我貶而稱人諸侯朝魯者眾矣而滕薛獨稱侯州公化我奪爵而無號吳楚國先聘我者見賢曲棘與鞌之戰先憂我者見賢同上

墨子之教號偁尙同而必施由親始佛教號偁寃親平等眾生同道而先度者自其父淨飯王其妻耶輸夫人其子羅雲其弟子阿難終日說法雖備人天實爲諸比丘不獨漢祖功

臣多出豐沛光武佐命皆起南陽杏壇敎化齊魯尤深是天理之自然孔子因其自然而設條理耳

惡伐同姓

春秋曰晉伐鮮虞奚惡乎晉而同夷狄也曰春秋尊禮而重信信重於地禮尊於身何以知其然也宋伯姬恐不禮而死於火齊桓公疑信而虧其地春秋賢而舉之以爲天下法曰禮而信禮無不答施無不報天之數也今我君臣同姓適女女無良心禮以不荅有恐畏我何其不夷狄也公子慶父之亂魯危殆亡而齊桓安之於彼無親尚來憂我如何與同姓而殘賊遇我詩云宛彼鳴鳩翰飛戾天我心憂傷念彼先人明發不寐有懷二人人皆有此心也今晉不以同姓憂我而强大厭我我心望焉故言之不好謂之晉而已楚莊王

傷痛敦重

難晉事者曰春秋之法未踰年之君稱子蓋人心之正也至里克殺奚齊避此正辭而稱君之子何也曰所聞詩無達詁易無達占春秋無達辭從變從義而一以奉仁人錄其同姓之禍固宜異操晉春秋之同姓也驪姬一謀而三君死之天下所共痛也本其所爲爲之者蔽於所欲得位而不見其難也春秋疾其所蔽故去其位辭徒言君之子而已若謂奚齊曰嘻嘻爲大國君之子富貴足矣何以兄之位爲欲居之以至此乎云爾錄所痛之辭也故痛之中有痛無罪而受其死者申生奚齊卓子是也惡之中有惡者已立之已殺之不得如他臣之弒君者齊公子商人是也故晉禍痛而齊禍重春秋傷痛而敦重是以奪晉子繼位之辭與齊子成君之號詳見之也（精華）

惡欲爲君則從其志
曰衞侯遬卒鄭師侵之是伐喪也鄭與諸侯盟于蜀以盟而歸
諸侯於是伐許是叛盟也伐喪無義叛盟無信無信無義故大
惡之問者曰是君死其子未踰年有稱伯不子法辭其罪何曰
先王之制有大喪者三年不呼其門順其志之不在事也詩云
詩當作書高宗諒闇三年不言居喪之義也今縱不能如是奈何其
父卒未踰年卽以喪舉兵也春秋以薄恩且施失其子心故不
復得稱子謂之鄭伯以辱之也且其先君襄公伐喪叛盟得罪
諸侯怒之未解惡之未已繼其業者宜務善以覆之今又重以
無故居喪以伐人父伐人喪子以喪伐人父加不義於人子施
失恩於親以犯中國是父負故惡於前已起大惡於後諸侯果
怒而憎之卒而俱至謀共擊之鄭乃恐懼去楚而成蟲牢之盟

是也楚與中國俠而擊之鄭罷敝危亡終身愁辜吾本其端無義而敗由輕心然孔子曰道千乘之國敬事而信知其爲得失之大也故敬而慎之今鄭伯既無子恩又不熟計一舉兵不當被患不窮自取之也是以生不得稱子去其義也死不得書葬見其罪也曰有國者視此行身不放義興事不審時其何如此爾 竹林

是故隱不言正桓不言王者皆從其志以見其事也從賢之志以達其義從不肖之志以著其惡由此觀之春秋之所善善也所不善亦不善也不可不兩省也 玉英

誅細惡以止亂

春秋紀纖芥之失反之王道 王道

是以君子以天下爲憂也患乃至於弒君三十一亡國五十二

細惡不絕之所致也盟會要

天王使宰咺來歸惠公仲子之賵刺不及事也天王伐鄭譏親

也會王世子譏微也祭公來逆王后譏失禮也刺家父求車武

氏毛伯求賻金王人救衞王師敗于貿戎天王出居于鄭弒母

弟王室亂不能及外分爲東西周無以先天下召衞侯不能致

遣子突征衞不能絕伐鄭不能從無駭滅極不能誅諸侯得以

大亂簒弒無已臣下上逼僭儗天子諸侯强者行威小國破滅

晉至三侵周與天王戰於貿戎而大敗之戎執凡伯於楚邱以

歸諸侯本怨隨惡發兵相破夷人宗廟社稷不能統理臣子强

至弒其君父法度廢而不復用威武絕而不得復故鄭魯易地

晉文再致天子齊桓會王世子擅封邢衞杞橫行中國意欲王

天下魯舞八佾北祭泰山郊天祀地如天子之爲以此之故弒

君三十二亡國五十一細惡不絕之所致也（王道）
誅惡而不得遺細大諸侯不得爲匹夫興師不得執天子之大夫執天子之大夫與伐國同罪執凡伯言伐獻八佾諱八言六鄭魯易地諱易言假晉文再致天子諱致言狩桓公存邢衞杞不見春秋内心予之行法絕而不予止亂之道也（同上）

刺上矜下

春秋刺上之過而矜下之苦小惡在外弗舉在我書而誹之（仁義法）

敬賢重民

春秋之常辭也不予夷狄而予中國爲禮至邲之戰偏然反之何也曰春秋無通辭從變而移今晉變而爲夷狄楚變而爲君子故移其辭以從其事夫莊王之舍鄭有可貴之美晉人不知

善而欲擊之所救已解如挑與之戰此無善善之心而輕救民之意也是以賤之而不使得與賢者爲禮秦穆侮蹇叔而大敗鄭文輕衆而喪師春秋之敬賢重民如是竹林

惡戰害民

是故戰攻侵伐雖數百起必一二書傷其害所重也問者曰其書戰伐甚謹其惡戰伐無辭何也曰會同之事大者主小戰伐之事後者主先苟不惡何爲使起之者居下是其惡戰伐之辭已且春秋之法凶年不修舊意在無苦民爾苦民尚惡之況傷民乎傷民尚痛之況殺民乎故曰凶年修舊則譏造邑則諱是害民之小者惡之小也害民之大者惡之大也今戰伐之於民其爲害幾何攷意而觀指則春秋之所惡者不任德而任力驅民而殘賊之其所好者設而勿用仁義以服之也詩云弛其文

德洽此四國此春秋之所善也夫德不足以親近而文不足以來遠而斷斷以戰伐爲之者此固春秋之所甚疾已皆非義也

難者曰春秋之書戰伐也有惡有善也惡詐擊而善偏戰恥伐喪而榮復讎奈何以春秋爲無義戰而盡惡之也曰凡春秋之記災異也雖畝有數莖猶謂之無麥苗也今天下之大三百年之久戰攻侵伐不可勝數而復讎者有二焉是何以異於無麥苗之有數莖哉不足以難之故謂之無義戰也以無義戰爲不可則無麥苗亦不可也以無麥苗爲可則無義戰亦可矣若春秋之於偏戰也善其偏不善其戰有以效其然也春秋愛人而戰者殺人君子奚說善殺其所愛哉故春秋之於偏戰也猶其於諸夏也引之魯則謂之外引之夷狄則謂之內比之詐戰則謂之義比之不戰則謂之不義故盟不如不盟然而有所謂善

盟戰不如不戰然而有所謂善戰不義之中有義義之中有不義辭不能及皆在於指非精心達思者其孰能知之竹林

司馬子反爲其君使廢君命與敵情從其所請與宋平是內專政而外擅名也專政則輕君擅名則不臣而春秋大之奚由哉曰爲其有慘怛之恩不忍餓一國之民使之相食推恩者遠之而大爲仁者自然而美今子反出已之心矜宋之民無計其閒故大之也同上

戰有惡有善

春秋之書戰伐也有惡有善也惡詐擊而善偏戰恥伐喪而榮復讎竹林

當仁不讓

春秋之法卿不憂諸侯政不在大夫子反爲楚臣而恤宋民是

憂諸侯也不復其君而與敵平是政在大夫也湨梁之盟信在大夫而春秋刺之爲其奪君尊也平在大夫亦奪君尊而春秋大之此所閒也且春秋之義臣有惡君名美故忠臣不顯諫欲其由君出也書曰爾有嘉謀嘉猷入告爾君于內爾乃順之于外曰此謀此猷惟我君之德此爲人臣之法也古之良大夫其事君皆若是今子反去君近而不復莊王可見而不告皆以其解二國之難爲不得已也柰其奪君名美何此所惑也曰春秋之道固有常有變變用於變常用於常各止其科非相妨也今諸子所稱皆天下之常雷同之義也子反之行一曲之變術修之義也夫目驚而體失其容心驚而事有所忘人之情也通於驚之情者取其一美不盡其失詩云采葑采菲無以下體此之謂也今子反往視宋聞人相食大驚而哀之不意之至於此也

是以心駭目動而違常禮禮者庶於仁文質而成體者也今使人相食大失其仁安著其禮方救其質奚恤其文故曰當仁不讓此之謂也春秋之辭有所謂賤者有賤乎賤者夫有賤乎賤者則亦有貴乎貴者矣今讓者春秋之所貴雖然見人相食驚人相㸑救之忘其讓君子之道有貴於讓者也故說春秋者無以平定之常義疑變故之大義則幾可諭矣竹林

常變義

難者曰春秋之法大夫無遂事又曰出境有可以安社稷利國家者則專之可也又曰大夫以君命出進退在大夫也又曰聞喪徐行而不反也夫既曰無遂事矣又曰專之可也既曰進退在大夫矣又曰徐行而不反也若相悖然是何謂也曰四者各有所處得其處則皆是也失其處則皆非也春秋固有常義又

有應變無遂事者謂生平安寧也專之可也者謂救危除患也進退在大夫者謂將帥用兵也徐行不反者謂不以親害尊不以私妨公也此之謂將得其私知其指故公子結受命往媵陳人之婦于鄄道生事從齊桓盟春秋弗非以爲救莊公之危公子遂受命使京師道生事之晉春秋非之以爲是時僖公安寧無危故有危而不專救謂之不忠無危而擅生事是卑君也故此二臣俱生事春秋有是有非其義然也精華

處變大義

是故脅嚴社而不爲不敬靈出天王而不爲不尊上辭父之命而不爲不承親絕母之屬而不爲不孝慈義矣夫精華

知憂

魯桓忘其憂而禍逮其身齊桓憂其憂而立功名推而散之凡

人有憂而不知憂者凶有憂而深憂之者吉易曰復自道何其咎此之謂也匹夫之反道以除咎尚難人主之反道以除咎甚易詩云德輶如毛言其易也玉英

得志宜愼

得志之君子有喜之人不可不愼也齊頃公親齊桓公之孫國固廣大而地勢便利矣又得霸王之餘尊而志加於諸侯以此之故難使會同而易使驕奢卽位九年未嘗肯一與會同之事有怒魯衛之志而不從諸侯于清邱斷道春往伐魯入其北郊顧返伐衛敗之新築當是時也方乘勝而志廣大國往聘慢而弗敬其使者晉魯俱怒內悉其衆外得黨與衛曹四國相輔大困之鞌獲齊頃公斮逢丑父深本頃公之所以大辱身幾亡國爲天下笑其端乃從懾魯勝衛起伐魯魯不敢出擊衛大敗之

困得氣而無敵國以興患也故曰得志有喜不可不戒此其效也自是後頃公恐懼不聽聲樂不飲酒食肉內愛百姓問疾弔喪外敬諸侯從會與盟卒終其身家國安寧是福之本生於憂而禍起於喜也竹林

榮辱

逄丑父殺其身以生其君何以不得爲知權丑父欺晉祭仲許宋俱枉正以存其君然而丑父之所爲難於祭仲祭仲見賢而丑父猶見非何也曰是非難別者在此此其嫌疑相似而不同理者不可不察夫去位而避兄弟者君子之所甚貴獲虜逃遁者君子之所甚賤祭仲措其君於人所甚貴以生其君故春秋以爲知權而賢之丑父措其君於人所甚賤以生其君春秋以爲不知權而簡之其俱枉正以存君相似也其使君榮之與使

君辱不同理故凡人之有爲也前枉而後義者謂之中權雖不能成春秋善之魯隱公鄭祭仲是也前正而後有枉者謂之邪道雖能成之春秋不愛齊頃公逄丑父是也夫冒大辱以生其情無樂故賢人不爲也而衆人疑焉春秋以爲人之不知義而疑也故示之以義曰國滅君死之正也正也者正於天之爲人性命也天之爲人性命使行仁義而羞可耻非若鳥獸然苟爲生苟爲利而已是故春秋推天施而順人理以至尊爲不可以生於至辱大羞故獲者絕之以至辱爲不可以加於至尊大位故雖失位弗君也已反國復在位矣而春秋猶有不君之辭況其溷然方獲而虜耶其於義也非君定矣若非君則丑父何權矣故欺三軍爲大辱於晉其免頃公爲辱宗廟於齊是以雖難而春秋不愛丑父大義宜言於頃公曰君慢侮而怒諸侯是失

禮大矣今被大辱而弗能死是無耻也而獲重罪請俱死無辱宗廟無羞社稷如此雖陷其身尚有廉名當此之時死賢於生故君子生以辱不如死以榮正是之謂也由法論之則丑父欺而不中權忠而不中義以爲不然復察春秋春秋之序辭也置王於春正之間非曰上奉天施而下正人然後可以爲王也云爾今善善惡惡好榮憎辱非人能自生此天施之在人者也君子以天施之在人者聽之則丑父弗忠也天施之在人者使人有廉耻者不生於大辱大辱莫甚於去南面之位而束獲爲虜也曾子曰辱若可避避之而已及其不可避君子視死如歸謂如頃公者也竹林

諱大惡

公觀魚于棠何惡也凡人之性莫不善義然而不能義者利敗

之也故君子終日言不及利欲以勿言愧之而已愧之以塞其源也夫處位動風化者徒言利之名爾猶惡之況求利乎故天王使人求賻求金皆爲大惡而書今直使人也親自求之是爲甚惡譏何故言觀魚猶言觀社也皆諱大惡之辭也玉英

愼所從事

夫先晉獻公之卒齊桓爲葵邱之會再致其集先齊孝未卒一年魯僖乞師取穀晉文之威天子再致先卒一年魯僖公之心分而事齊文公不事晉先齊侯潘卒一年文公如晉衞侯鄭伯皆不期來齊侯已卒諸侯果會晉大夫於新城魯昭公以事楚之故晉人不入楚國强而得意一年再會諸侯伐强吳爲齊誅亂臣遂滅厲魯得其威以滅鄫其明年如晉無河上之患先晉昭之卒一年無難楚國内亂臣弑君諸侯會于平邱謀誅楚亂

臣昭公不得與盟大夫見執吳大敗楚之黨六國於雞父公如晉而大辱春秋為之諱而言有疾由此觀之所行從不足恃所事者不可不慎此亦存亡榮辱之要也（隨本消息）

得衆

衛人立晉美得衆也（王道）

雖然苟能行善得衆春秋弗危衛侯晉以正書葬是也俱不宜立而宋繆公受之先君而危衛宣弗受先君而不危以此見得衆心之為大安也（玉英）

憂天下

齊桓為幽之會衛不至桓怒而伐之狄滅之桓憂而立之魯莊為輒之盟劫汶陽魯絕桓立之邢杞未嘗朝聘齊桓見其滅率諸侯而立之用心如此豈不霸哉故以憂天下與之（滅國下）

譏不合羣

小國德薄不朝聘大國不與諸侯會聚孤特不相守獨居不成羣遭難莫之救所以亡也非獨公侯大人如此生天地之閒根本微者不可遭大風疾雨立鑠消耗衛侯朔固事齊襄而天下患之虞虢幷力晉獻難之晉趙盾一夫之士也無尺寸之土無一介之眾也而靈公據霸主之餘尊而欲誅之窮變極詐詐盡力竭禍大及身推盾之心載小國之位孰能亡之哉（滅國上）

齊頃公親齊桓公之孫國固廣大而地勢便利矣又得霸王之餘尊而志加於諸侯以此之故難使會同而易使驕奢卽位九年未嘗肯一與會同之事（竹林）

衛人侵成鄭入成及齊師圍成三被大兵終滅莫之救所恃者安在齊桓公欲行霸道譚遂違命故滅而奔莒不事大而事小

曹伯之所以戰死於位諸侯莫助憂者幽之會齊桓數合諸侯曹小未嘗來也魯大國幽之會莊公不往戎人乃窺兵於濟西由見魯孤獨而莫之救也滅國下

重志

春秋之論事莫重乎志玉杯

禮之所重者在其志志敬而節具則君子予之知禮志和而音雅則君子予之知樂志哀而居約則君子予之知喪故曰非虛加之重志之謂也志爲質物爲文文著於質質不居文文安施質質文兩備然後其禮成文質偏行不得有我爾之名俱不能備而偏行之寧有質而無文雖弗予能禮尚少善之介葛盧來是也有文無質非直不予乃少惡之謂州公寔來是也然則春秋之序道也先質而後文右志而左物故曰禮〻云禮〻云玉帛〻云

乎哉推而前之亦宜曰朝云朝云辭令云乎哉樂云樂云鐘鼓云乎哉引而後之亦宜曰喪云喪云衣服云乎哉是故孔子立新王之道明其貴志以反和見其好誠以滅僞其有繼周之弊故若此也同上

聽獄本事原志

春秋之聽獄也必本其事而原其志志邪者不待成首惡者罪特重本直者其論輕是故逄丑父當斮而轅濤塗不宜執魯季子追慶父而吳季子釋闔廬此四者罪同異論其本殊也俱欺三軍或死或不死俱弒君或誅或不誅聽訟折獄可無審邪故折獄而是也理益明教益行折獄而非也闇理迷衆與教相妨教政之本也獄政之末也其事異域其用一也不可不以相順故君子重之也精華

誅意

齊桓晉文擅封致天子誅絕繼絕存亡侵伐會同常爲本主曰桓公救中國攘夷狄卒服楚至爲王者事晉文再致天子皆止不誅善其牧諸侯奉獻天子而復周室春秋予之爲伯誅意不誅辭之謂也王道

春秋譏文公以喪取難者曰喪之法不過三年三年之喪二十五月今按經文公乃四十一月乃取取時無喪出其法也久矣何以謂之喪取曰春秋之論事莫重乎志今取必納幣納幣之月在喪分故謂之喪取也且文公以秋祫祭以冬納幣皆失於太蚤春秋不譏其前而顧譏其後必以三年之喪肌膚之情也雖從俗而不能終猶宜未平於心今全無悼遠之志反思念取事是春秋之所甚疾也故譏不出三年於首而已譏以喪取也

不別先後賤其無人心也玉杯

不畏強禦

大雩者何旱祭也難者曰大旱雩祭而請雨大水鳴鼓而攻社天地之所爲陰陽之所起也或請焉或怒焉者何曰大旱者陽滅陰也陽滅陰者尊壓卑也固其義也雖太甚拜請之而已無敢有加也大水者陰滅陽也陰滅陽者卑勝尊也日食亦然皆下犯上以賤傷貴者逆節也故鳴鼓而攻之朱絲而脅之爲其不義也此亦春秋之不畏強禦也精華

爲善不法不取不棄

經曰宋督弑其君與夷傳言莊公馮殺之不可及於經何也曰非不可及於經其及之端眇不足以類鉤之故難知也傳曰臧孫許與晉郤克同時而聘乎齊按經無有豈不微哉不書其往

而有避也今此傳言莊公馮而於經不書亦以有避也是以不書聘乎齊避所羞也不書莊公馮殺避所善也是故讓者春秋之所善宣公不與其子而與其弟其弟亦不與子而反之兄子雖不中法皆有讓高不可棄也故君子爲之諱不居正之謂避其後也亂移之宋督以存善志此亦春秋之義善無遺也若直書其篡則宣穆之高滅而善之無所見矣難者曰爲賢者諱皆言之爲宣穆諱獨弗然何也曰不成於賢也其爲善不法不可取亦不可棄棄之則棄善志也取之則害王法故不棄亦不載以意見之而已苟志於仁無惡此之謂也玉英

春秋義分三世與賢不與子是太平世若據亂世則與正而不與賢宣公在據亂世時而行太平世之義不中乎法故孔子不取所謂王法卽素王據亂世之法史記謂垂空文以斷

禮義成一王之法是也

一

察微

春秋至意有二端不分二端之所從起亦未可與論災異也小大微著之分也夫覽求微細於無端之處誠知小之爲大也（爲上當有將字）微之將爲著也吉凶未形聖人所獨立也雖欲從之末由也已此之謂也故王者受命改正朔不順數而往必迎來而受之者授受之義也故聖人能繫心於微而致之著也是故春秋之道以元之深正天之端以天之端正王之政以王之政正諸侯之位五者俱正而化大行然書日蝕星隕有蜮山崩地震夏大雨水冬大雨雹隕霜不殺草自正月不雨至於秋七月有鸜鵒來巢春秋異之以此見悖亂之徵是小者不得大微者不得著雖甚末亦一端孔子以此效之吾所以貴微重始是也因惡

夫推災異之象於前然後圖安危禍亂於後者非春秋之所甚貴也然而春秋舉之以爲一端者亦欲其省天譴而畏天威內動於心志外見於事情修身審己明善心以反道者也豈非貴微重始愼終推效者哉（二端）

春秋總義

魯隱之代桓立祭仲之出忽立突仇牧孔父荀息之死節公子目夷不與楚國此皆執權存國行正世之義守惓惓之心春秋嘉義氣焉故皆見之復正之謂也夷狄邾婁人牟人葛人爲其天王崩而相朝聘也此其誅也殺世子母弟直稱君明失親親也魯季子之免罪吳季子之讓國明親親之恩也閽殺吳子餘祭見刑人之不可近鄭伯髡原卒于會諱弒痛强臣專君君不得爲善也衞人殺州吁齊人殺無知明君臣之義守國之正也

衞人立晉美得衆也君將不言率師重君之義也正月公在楚
臣子思君無一日無君之義也誅受令恩衞葆以正囹圄之平
也言圄成甲午祠兵以別迫脅之罪誅意之法也作南門刻桷
丹楹作雉門及兩觀築三臺新延廄譏驕溢不恤下也故臧孫
辰請糴于齊孔子曰君子爲國必有三年之積一年不熟乃請
糴失君之職也誅犯始者省刑絕惡疾始也大夫盟于澶淵刺
大夫之專政也諸侯會同賢爲主賢賢也春秋紀纖芥之失反
之王道追古貴信結言而已不至用牲盟而後成約故曰齊侯
衞侯胥命于蒲傳曰古者不盟結言而退宋伯姬曰婦人夜出
傅母不在不下堂曰（曰上當有傳字）古者周公東征則西國怨桓公曰
無貯粟無障谷無易樹子無以妾爲妻宋襄公曰不鼓不成列
不阨人莊王曰古者日杅不穿皮不蠹則不出君子篤於禮薄

於利要其人不要其土告從不赦不祥强不陵弱齊頃公弔死視疾孔父正色而立於朝人莫過而致難乎其君齊國佐不辱君命而尊齊侯此春秋之救文以質也救文以質見天下諸侯所以失其國者亦有焉潞子欲合中國之禮義離乎夷狄未合乎中國所以亡也吳王夫差行强於越臣人之王妾人之妻卒以自亡宗廟夷社稷滅其可痛也長王投死於戲豈不哀哉晉靈行無禮處臺上彈羣臣枝解宰人而棄漏陽處父之諫使陽處父死及患趙盾之諫欲殺之卒爲趙穿所殺晉獻公行逆理殺世子申生以驪姬立奚齊卓子皆殺死國大亂四世乃定幾爲秦所從驪姬起也楚昭王行無度殺伍子胥父兄蔡昭公朝之因請其裘昭公不與吳王非之舉兵加楚大敗之君舍乎君室大夫舍大夫室妻楚君之母貪暴之所致也晉厲公行暴道

殺無罪人一朝而殺大臣三人明年臣下畏恐晉國殺之陳侯佗淫乎蔡蔡人殺之古者諸侯出疆必具左右備一師以備不虞今蔡侯恣以身出入民間至死閭里之庸甚非人君之行也宋閔公矜婦人而心妬與大夫萬博萬譽魯莊公曰天下諸侯宜爲君唯魯侯爾閔公妬其言曰此虜也爾虜焉知魯侯之美惡乎致萬怒搏閔公絕脰此以與臣博之過也古者人君立於陰大夫立於陽所以別位明貴賤今與臣相對而博置婦人在側此君臣無別也故使萬稱他國卑閔公之意閔公藉萬而身與之博下君自置有辱之婦人之房俱而矜婦人獨得殺死之道也春秋曰大夫不適君遠此逼也梁內役民無已其民不能堪使民比地爲伍一家亡五家殺刑其民曰先亡者封後亡者刑君者將使民以孝於父母順於長老守丘墓承宗廟世世祀

其先今求財不足行罰如將不勝殺戮如屠仇讎其民魚爛而亡國中盡空春秋曰梁亡亡者自亡也非人亡之也虞公貪財不顧其難快耳悅目受晉之璧屈產之乘假晉師道還以自滅宗廟破毀社稷不祀身死不葬貪財之所致也故春秋以此見物不空來寶不虛出自內出外無亡不行自外至者無主不止此其應也楚靈王行強乎陳蔡意廣以武不顧其行慮所美內罷其眾乾谿有物女水盡則女見水滿則不見靈王舉發其國而役三年不罷楚國大怨有行暴意殺無罪臣成然楚國大懟公子棄疾卒令靈王自殺而取其國虞不離津澤農不去疇土此非盈意之過耶魯莊公好宮室一年三起臺夫人內淫兩弟弟兄子父相殺國絕莫繼為齊所存夫人淫之過也妃匹貴妾可不慎耶此皆內自強從心之敗已見自強之敗尚有正諫而

不用卒皆取亡曹羈諫其君曰戎衆以無義君無自適君不聽果死戎寇伍子胥諫吳王以爲越不可不取吳王不聽至死伍子胥還九年越果大滅吳國秦穆公將襲鄭百里蹇叔諫曰千里而襲人者未有不亡者也穆公不聽師果大敗殽中匹馬隻輪無反者晉假道虞虞公許之宮之奇諫曰脣亡齒寒虞虢之相救非相賜也君請勿許虞公不聽後虞果亡於（於下當有晉字）春秋明此存亡道（道上當有之字）可觀也觀乎蒲社知驕溢之罰觀乎許田知諸侯不得專封觀乎齊桓晉文宋襄楚莊知任賢奉上之功觀乎魯隱祭仲叔武孔父荀息仇牧吳季子公子目夷知忠臣之效觀乎楚公子比知臣子之道效死之義觀乎潞子知無輔自詛之敗觀乎公在楚知臣子之恩觀乎漏言知忠道之絕觀乎獻六羽知上下之差觀乎宋伯姬知貞婦之信觀乎吳王

夫差知强陵弱似缺二字觀乎晉獻公知逆理近色之過觀乎楚昭
王之伐蔡知無義之反觀乎晉厲之妄殺無罪知行暴之報觀
乎陳佗宋閔知嫉淫之過觀乎虞公梁亡知貪財枉法之窮觀
乎楚靈知苦民之壞觀乎魯莊之起臺知驕奢淫佚之失觀乎
衛侯朔知不即召之罪觀乎執凡伯知犯上之法觀乎晉郤缺
之伐邾婁知臣下作福之誅觀乎公子翬知臣窺君之意觀乎
世卿知移權之敗故明王視於冥冥聽於無聲天覆地載天下
萬國莫敢不悉靖共職受命者不示臣下以知之至也故道同
則不能相先情同則不能相使此其敎也由此觀之未有去人
君之權能制其勢者也未有貴賤無差能全其位者也故君子
慎之王道

此篇總攬公羊之義舉要無遺如肉貫串雖非微言所在而

大義懍懍如日星矣

董氏學卷一

弟子梁應騮陳國鏞初校
弟子王覺任康同懃覆校

春秋董氏學卷二　　　　　　南海康有爲廣夏學一名祖詒

春秋例第二

五始

時月

王魯親周故宋附

三世

内外

貴賤

屈伸詳略

常變

褒誅諱絕

見得失所以然

愼辭謹名倫等物
別嫌辨類
嫌得見其不得
矯枉明人惑
辭不能及皆在於指
左右參錯合比緣求
微辭婉辭溫辭
無通辭
用辭去已明而著未明
得一端而博達
體微若無而無物不在
詭名詭實避文

弟子推補義

國律有例算法有例禮有升降例樂有宮商譜詩有聲調譜亦其例也若著書其例尤繁而他書之例但體裁所繫於本書宗旨尚不相蒙惟春秋體微難知舍例不可通曉以諸學言之譬猶算哉學算者不通四元借根括弧代數之例則一式不可算學春秋者不知託王改制五始三世內外詳略已明不著得端貫連無通辭而從變詭名實而避文則春秋等於斷爛朝報不可讀也言春秋以董子爲宗則學春秋例亦以董子爲宗董子之於春秋例亦如歐几里得之於幾何也

今採擇要刪如左

五始

是故春秋之道以元之深正天之端以天之端正王之政以王

之政正諸侯之位五者俱正而化大行二端

春秋何貴乎元而言之元者始也言本正也道王道也王者人之始也王道

其親等也而文王最先四時等也而春最先十二月等也而正月最先觀德

時月

百禮之貴皆編於月月編於時時編於君君編於天觀德

王魯 親周 故宋附

今春秋緣魯以言王義殺隱桓以為遠祖宗定哀以為考妣至尊且高至顯且明其基壤之所加潤澤之所被條條無疆前是常數十年鄰之幽人近其墓而高明大國齊宋離不言會微國之君卒葬之禮錄而辭繁遠夷之君內而不外當此之時魯無

鄙疆諸侯之伐哀者皆言我邾婁庶其鼻我邾婁大夫其於我
無以親以近之故乃得顯明隱桓親春秋之先人也益師卒而
不日於稷之會言成宋亂以遠外也黃池之會以兩伯之辭言
不以爲外以近内也奉本
諸侯來朝者得褒邾婁儀父稱字滕薛稱侯荊得人介葛盧得
名内出言如諸侯來日朝大夫來日聘王道之意也王道
緣魯以言王義孔子之意專明王者之義不過言託於魯以
立文字卽如隱桓不過託爲王者之遠祖定哀爲王者之考
妣齊宋但爲大國之譬邾婁滕侯亦不過爲小國先朝之影
所謂其義則丘取之也自僞左出後人乃以事說經於是周
魯隱桓定哀邾滕皆用考據求之癡人說夢轉增疑惑知有
事而不知有義於是孔子之微言沒而春秋不可通矣尙賴

有董子之說得以明之不然諸侯來曰朝內出言如魯無鄙
彊董子何愚若此所謂辭之重意之複必有美者存焉
故春秋應天作新王之事時正黑統王魯尚黑絀夏親周故宋三代改制
詩有三頌周頌魯頌商頌孔子寓親周故宋王魯之義不然
魯非王者何得有頌哉自僞毛出而古義湮於是此義不復
知惟太史公孔子世家有焉公羊傳春秋託王於魯何注頗
發此義人或疑之不知董子亦大發之蓋春秋之作在義不
在事故一切皆託不獨魯爲託卽夏商周之三統亦皆託也
因其國而容天下俞序
因其國而容天下盟會要
借魯以行天下法度故再言因其國以容天下何足疑乎

三世

春秋分十二世以爲三等有見有聞有傳聞有見三世有聞四世有傳聞五世故哀定昭君子之所見也襄成文宣君子之所聞也僖閔莊桓隱君子之所傳聞也所見六十一年所聞八十五年所傳聞九十六年於所見微其辭於所聞痛其禍於傳聞殺其恩與情俱也楚莊王

三世爲孔子非常大義託之春秋以明之所傳聞世爲據亂所聞世託升平所見世託太平亂世者文教未明也升平者漸有文教小康也太平者大同之世遠近大小如一文教全備也大義多屬小康微言多屬太平爲孔子學當分二類乃可得之此爲春秋第一大義自僞左滅公羊而春秋亡孔子之道遂亡矣

內外

內其國而外諸夏內諸夏而外夷狄 王道

猶其於諸夏也引之魯則謂之外引之夷狄則謂之內 竹林

是故於外道而不顯於內諱而不隱 楚莊王

貴賤

春秋之辭有所謂賤者有賤乎賤者夫有賤乎賤者則亦有貴乎貴者矣 竹林

夫去位而避兄弟者君子之所甚貴獲虜逃遁者君子之所甚賤祭仲措其君於人所甚貴以生其君故春秋以爲知權而賢之丑父措其君於人所甚賤以生其君故春秋以爲不知權而簡之 同上

屈伸詳略

是故逐季氏而言又雩微其辭也子赤殺弗忍言曰痛其禍也子般殺而書乙未殺其恩也屈伸之志詳略之文皆應之楚莊王故屈民而伸君屈君而伸天春秋之大義也玉杯

春秋傷痛而敦重是以奪晉子繼位之辭與齊子成君之號詳見之也精華

常變

春秋之道固有常有變變用於變常用於常各止其科非相妨也竹林

春秋有經禮有變禮爲如安性平心者經禮也至有於性雖不安於心雖不平於道無以易之此變禮也玉英

明乎經變之事然後知輕重之分可與適權矣難者曰春秋事同者辭同此四者俱爲變禮而或達於經或不達於經何也曰

春秋理百物辨品類別嫌微修本末者也是故星墜謂之隕螽墜謂之雨其所發之處不同或降於天或發於地其辭不可同也今四者俱爲變禮也同而其所發亦不同或發於男或發於女其辭不可同也是或達於常或達於變也同上

春秋固有常義又有應變精華

故說春秋者無以平定之常義疑變故之大義則幾可諭矣竹林

襃誅諱絕

春秋之於世事也善復古譏易常欲其法先王也楚莊王

諸侯來朝者得襃邾婁儀父稱字滕薛稱侯荊得人介葛盧得名內出言如諸侯來曰朝大夫來曰聘王道之意也誅惡而不得遺細大諸侯不得爲匹夫興師不得執天子之大夫執天子之大夫與伐國同罪執凡伯言伐獻八佾諱八言六鄭魯易地

諱易言假晉文再致天子諱致言狩桓公存邢衛杞不見春秋內心予之行法絕而不予止亂之道也非諸侯所當爲也春秋之義臣不討賊非臣也子不復讎非子也故誅趙盾賊不討者不書葬臣子之誅也許世子不嘗藥而誅爲弑父楚公子比脅而立而不免於死齊桓晉文擅封致天子誅絕繼絕存亡侵伐會同常爲本主曰桓公救中國攘夷狄卒服楚至爲王者事晉文再致天子皆止不誅善其牧諸侯奉獻天子而復周室春秋予之爲伯誅意不誅辭之謂也王道

見得失所以然

春秋記天下之得失而見所以然之故甚幽而明無傳而著不可不察也夫泰山之爲大弗察弗見而況微渺者乎故按春秋而適往事窮其端而視其故得志之君子有喜之人不可不愼

也竹林

見事變之所至者一指也十指

然則覩物之動而先覺其萌絕亂塞害於將然而未行之時春秋之志也仁義法

夫覽求微細於無端之處誠知小之為大也微之將為著也吉凶未形聖人所獨立也二端

慎辭謹名倫等物

春秋慎辭謹於名倫等物者也是故小夷言伐而不得言戰大夷言戰而不得言獲中國言獲而不得言執各有辭也有小夷避大夷而不得言戰大夷避中國而不得言獲中國避天子而不得言執名倫弗予嫌於相臣之辭也是故大小不踰等貴賤如其倫義之正也精華

名倫等物不失其理（盟會要）

別嫌辨類

春秋理百物辨品類別嫌微修本末者也是故星墜謂之隕螽墜謂之雨其所發之處不同或降於天或發於地其辭不可同也（玉英）

凡百亂之源皆出嫌疑纖微以漸寖稍長至於大聖人章其疑者別其微者絕其纖者不得嫌以蚤防之（度制）

別嫌疑異同類一指也（十指）

別嫌疑異同類則是非著矣（同上）

別嫌疑之行以明正世之義（盟會要）

逄丑父殺其身以生其君何以不得爲知權丑父欺晉祭仲許宋俱枉正以存其君然而丑父之所爲難於祭仲祭仲見賢而

丑父猶見非何也曰是非難別者在此此其嫌疑相似而不同理者不可不察（竹林）

嫌得見其不得

楚莊王殺陳夏徵舒春秋貶其文不予專討也靈王殺齊慶封而直稱楚子何也曰莊王之行賢而徵舒之罪重以賢君討重罪其於人心善若不貶孰知其非正經春秋常於其嫌得者見其不得也是故齊桓不予專地而封晉文不予致王而朝楚莊弗予專殺而討三者不得則諸侯之得殆貶矣（楚莊王）

矯枉明人惑

春秋之道視人所惑為立說以大明之今趙盾賢而不遂於理皆見其善莫知其罪故因其所賢而加之大惡繫之重責使人湛思而自省悟以反道曰吁君臣之大義父子之道乃至乎此

此所由惡薄而責之厚也他國不討賊者諸斗筲之民何足數哉弗繫人數而已此所由惡厚而責薄也傳曰輕爲重重爲輕非是之謂乎故公子比嫌可以立趙盾嫌無臣責許止嫌無子罪春秋爲人不知惡而恬行不備也是故重累責之以矯枉世而直之矯者不過其正弗能直知此而義畢矣玉杯

辭不能及皆在於指

故春秋之於偏戰也猶其於諸夏也引之魯則謂之外引之夷狄則謂之內比之詐戰則謂之義比之不戰則謂之不義故盟不如不盟然而有所謂善盟戰不如不戰然而有所謂善戰不義之中有義義之中有不義辭不能及皆在於指非精心達思者其孰能知之詩云棠棣之華偏其反而豈不爾思室是遠而子曰未之思也夫何遠之有由是觀之見其指者不任其辭不

任其辭然後可與適道矣竹林

左右參錯合比緣求

春秋論十二世之事人道浹而王道備法布二百四十二年之中相爲左右以成文采其居參錯非襲古也是故論春秋者合而通之緣而求之五其比偶其類覽其緒屠其贅是以人道浹而王法立以爲不然今夫天子踰年即位諸侯於封內三年稱子皆不在經也而操之與在經無以異非無其辨也有所見而經安受其贅也故能以比貫類以辨付贅者大得之矣玉杯

故貫比而論是非雖難悉得其義一也

以比言之法論也無比而處之誣辭也

春秋赴問數百應問數千同留經中旛援比類以發其端卒無妄言而得應於傳者上並同

微辭婉辭溫辭

於所見微其辭楚莊王

是故逐季氏而言又雩微其辭也

故言之不好謂之晉而已是婉辭也

觀其是非可以得其正法視其溫辭可以知其塞怨是故於外

道而不顯於內諱而不隱於尊亦然於賢亦然此其別內外差

賢不肖而等尊卑也義不訕上智不危身故遠者以義諱近者

以智畏畏與義兼則世逾近而言逾謹矣此定哀之所以微其

辭華同上

無通辭

春秋之常辭也不予夷狄而予中國為禮至邲之戰偏然反之

何也曰春秋無通辭從變而移今晉變而為夷狄楚變而為君

子故移其辭以從其事竹林

所聞詩無達詁易無達占春秋無達辭從變從義而一以奉仁人精華

尸子謂孔子本仁故春秋雖道名分而一以奉仁人爲主董子發無達辭之例知屬辭比事之說非

用辭去已明而著未明

春秋之辭多所況是文約而法明也問者曰不予諸侯之專封復見於陳蔡之滅不予諸侯之專討獨不復見慶封之殺何也曰春秋之用辭已明者去之未明者著之今諸侯之不得專討固已明矣而慶封之罪未有所見也故稱楚子以伯討之著其罪之宜死以爲天下大禁曰人臣之行貶主之位亂國之臣雖不篡殺其罪皆宜死比於此其云爾也楚莊王

得一端而博達

然則春秋義之大者也得一端而博達之楚莊王

吾見其近近而遠遠親親而疏疏也亦知其貴貴而賤賤重重而輕輕也有知其厚厚而薄薄善善而惡惡也有知其陽陽而陰陰白白而黑黑也同上

是故為春秋者得一端而多連之見一空而博貫之則天下盡矣魯僖公以亂即位而知親任季子季子無恙之時內無臣下之亂外無諸侯之患行之二十年國家安寧季子卒之後魯不支鄰國之患直乞師楚耳僖公之情非輒不肖而國益衰危者何也以無季子也以魯人之若是也亦知他國之皆若是也以他國之皆若是亦知天下之皆若是也此之謂連而貫之故天下雖大古今雖久以是定矣精華

體微若無而無物不在

古之人有言曰不知來視諸往今春秋之爲學也道往而明來者也然而其辭體天之微故難知也弗能察寂若無能察之無物不在精華

春秋一書朱子以爲不可解此朱子之虛心也孫明復胡安國蕭楚之流專言貶惡尊王攘夷則春秋易知安得謂之微乎若非董子發體微難知得端博貫之例則萬八千字會盟征伐寥寥大義何能治天下哉荆公斷爛朝報之疑誠然妄議荆公者若爲尊經實以焚經耳

春秋之好微與其貴志也春秋修本末之義達變故之應通生死之志遂人道之極者也玉杯

經曰宋督弒其君與夷傳言莊公馮殺之不可及於經何也曰

非不可及於經其及之端眇不足以類鉤之故難知也傳曰臧孫許與晉郤克同時而聘乎齊按經無有豈不微哉不書其往而有避也今此傳言莊公馮而於經不書亦以有避也是以不書聘乎齊避所羞也不書莊公馮殺避所善也是故讓者春秋之所善宣公不與其子而與其弟其弟亦不與子而反之兄子雖不中法皆有讓高不可棄也故君子爲之諱不居正之謂避其後也亂移之宋督以存善志此亦春秋之義善無遺也若直書其篡則宣穆之高滅而善之無所見矣玉英

詭名詭實避文

難紀季曰春秋之法大夫不得用地又曰公子無去國之義又曰君子不避外難紀季犯此三者何以爲賢賢臣故盜地以下敵棄君以避患乎曰賢者不爲是是故託賢於紀季以見季之

弗爲也紀季弗爲而紀侯使之可知矣春秋之書事時詭其實以有避也其書人時易其名以有諱也故詭晉文得志之實以代諱避致王也詭莒子號謂之人避隱公也易慶父之名謂之仲孫變盛謂之成諱大惡也然則說春秋者入則詭辭隨其委曲而後得之今紀季受命乎君而經書專無善一名而文見賢此皆詭辭不可不察春秋之於所賢也固順其志而一其辭章其義而褒其美今紀侯春秋之所貴也是以聽其入齊之志而詭其服罪之辭也移之紀季故告糴於齊者實莊公爲之而春秋諱其辭以予臧孫辰以酅入于齊者實紀侯爲之而春秋詭其辭以予紀季所以詭之不同其實一也難者曰有國家者人欲立之固盡不聽國滅君死之正也何賢乎紀侯曰齊將復讎紀侯自知力不加而志距之故謂其弟曰我宗廟之主不可以

不死也故以鄭往服罪於齊請以立五廟使我先君歲時有所
依歸率一國之衆以衞九世之主襄公逐之不去求之弗予上
下同心而俱死之故爲之大去春秋賢死義且得衆心也故爲
諱滅以爲之諱見其賢之也以其賢之也見其中仁義也玉英

詭名詭實之名覊讀之似甚奇然春秋以寓改制其文猶代
數故皆稱託不過借以記號耳數不能直敘代以甲子天元
天下無有怪甲子天元之詭者又何疑於春秋乎

弟子推補義

今夫天子踰年即位諸侯於封內三年稱子皆不在經也而操
之與在經無以異非無其辨也有所見而經安受其贄也故能
以比貫類以辨付贄者大得之矣玉杯
藝文志讖后蒼以士禮推於天子不知孔子改制舉其大綱

其餘條目皆任弟子之推補故孔門後學皆有推補之權觀

此可明

董氏學卷二

弟子梁應騮陳國鏞初校
弟子王覺任康同懃覆校

春秋董氏學卷三

南海康有爲廣廈學 一名祖詒

春秋禮第三

章服

樂律

卜筮

學校

選舉

冠

昏

相見

喪

祭犧牲附

郊

封禪

孔子之作六經其書雖殊其道則未嘗不同條共貫也其折衷則在春秋故曰志在春秋春秋爲改制之書包搭天人而禮尤其改制之著者故通乎春秋而禮在所不言矣孔子之文傳於仲舒孔子之禮亦在仲舒孔門如曾子子夏子游子服景伯於小斂之東西方立嫡之或子或孫各持一義尚未能折衷至於董子盡聞三統盡得文質變通之故可以待後王而致太平豈徒可止禮家之訟哉其單詞片義皆窮極元始得聖人之意蓋皆先師口說之傳非江都所能知也不過薈萃多而折衷當耳若其爲春秋之大宗今學之正傳孰而貫之足以證僞禮者猶其餘事矣今摘繁露之言禮者條綴於篇以備欲通孔子之禮者考焉雖無威儀之詳目其大端蓋略具矣

改元

謂一元者大始也知元年志者大人之所重小人之所輕玉英

元者君之始年一國之民隨君孔子欲其謹始也

授時

天之道春煖以生夏暑以養秋清以殺冬寒以藏煖暑清寒異氣而同功皆天之所以成歲也四時之副

天之道初薄大冬陰陽各從一方來而移於後陰由東方來西陽由西方來東至於中冬之月相遇北方合而爲一謂之日至別而相去陰適右陽適左適左者其道順適右者其道逆逆氣左上順氣右下故下煖而上寒以此見天之冬右陰而左陽也上所右而上所左也冬月盡而陰陽俱南還陽南還出於寅陰南還入於戌此陰陽所始出地入地之見處也至於仲春之月

陽在正東陰在正西謂之春分春分者陰陽相半也故晝夜均而寒暑平陰日損而隨陽陽日益而鴻故爲煖熱初得大夏之月相遇南方合而爲一謂之日至別而相去陽適右陰適左適左由下適右由上上暑而下寒以此見天之夏右陽而左陰也上其所右下其所左夏月盡而陰陽俱北還陽北還而入于申陰北還而入於辰此陰陽之所始出地入地之見處也至於中秋之月陽在正西陰在正東謂之秋分秋分者陰陽相半也故晝夜均而寒暑平陽日損而隨陰陰日益而鴻故至於季秋而始霜至於孟冬而始寒小雪而物咸成大寒而物畢藏天地之功終矣陰陽出入

天之道終而復始故北方者天之所終始也陽陰之所合別也冬至之後陰俛而西入陽仰而東出出入之處常相反也多少

調和之適常相順也有多而無溢有少而無絕春夏陽多而陰少秋冬陽少而陰多多少無常未嘗不分而相散也以出入相損益以多少相溉濟也多勝少者倍入入者損一而出者益二天所起一動而再倍常乘反衡再登之勢以就同類之相報故其氣相俠而以變化相輸也春秋之中陰陽之氣俱相併也中春以生中秋以殺由此見之天之所起其氣積天之所廢其氣隨故至春少陽東出就木與之俱生至夏太陽南出就火與之俱煖此非各就其類而與之相起與少陽就木太陽就火火木相稱各就其正此非正其倫與至於秋時少陰興而不得以秋從金從金而傷火功雖不得以從金亦以秋出於東方俛其處而適其事以成歲功此非權與陰之行固常居虛而不得居實至於東而止空處太陽乃得北就其類而與水起寒陰陽終始

陰陽之會一歲再遇於南方者以中夏遇於北方者以中冬冬
喪物之氣也則其會於是何如金木水火各奉其所主以從陰
陽相與一力而并功其實非獨陰陽也然而陰陽因之以起助
其所主故少陽因木而起助春之生也太陽因火而起助夏之
養也少陰因金而起助秋之成也太陰因水而起助冬之藏也
陰雖與水并氣而合冬其實不同故水獨有喪而陰不與焉是
以陽陰會於中冬者非其喪也天辨
是故陰陽之行終各六月遠近同度而所在異處陰之行春居
東方秋居西方夏居空右冬居空左夏居空下冬居空上此陰
之常處也陽之行春居上冬居下此陽之常處也陰終歲四移
而陽常居實非親陽而疏陰任德而遠刑與天之志常置陰空
處稍取之以為助故刑者德之輔陰者陽之助也陽者歲之主

也天下之昆蟲隨陽而出入天下之草木隨陽而生落天下之三王隨陽而改正天下之尊卑隨陽而序位同上

陽氣始出東北而南行就其位也西轉而北入藏其休也陰氣始東南而北行亦就其位也西轉而南入屏其伏也是故陽以南方爲位以北方爲休陰以北方爲位以南方爲休陽至其位而大暑熱陰至其位而大寒凍陽至其休而入化於地陰至其伏而避德於下是故夏出長於上冬入化於下者陽也夏入守虛地於下冬出守虛位於上者陰也陽出實入實陰出空入空天之任陽不任陰好德不好刑如是也故陰陽終歲各一出陰陽位

天地之理分一歲之變以爲四時四時亦天之四選也是故春者少陽之選也夏者太陽之選也秋者少陰之選也冬者太陰

之選也四選之中各有孟仲季是選之中有選故一歲之中有
四時一時之中有三長天之節也人生於天而體天之節故亦
有大小厚薄之變人之氣也官制象天
一陽而三春非自三之時與而天四重之其數同矣天有四時
時三月王有四選選三臣是故有孟有仲有季一時之情也
何謂天之大經三起而成日三日而成規三旬而成月三月而
成時三時而成功寒暑與和三而成物日月與星三而成光天
地與人三而成德由此觀之三而一成天之大經也以此爲天
制並同上

三正

天下之三王隨陽而改正天辨
三王之正隨陽而更起陽尊陰卑

三代改正必以三統天下　三代改制
其謂統三正者曰正者正也統致其氣萬物皆應而正統正其餘皆正凡歲之要在正月也法正之道正本而末應正內而外應動作舉錯靡不變化隨從可謂法正也故君子曰武王似正月矣
春秋曰王正月傳曰王者孰謂謂文王也曷爲先言王而後言正月王正月也何以謂之王正月曰王者必受命而後王王者必改正朔易服色制禮樂一統於天下所以明易姓非繼仁通以已受之於天也王者受命而王制此月以應變故作科以奉天地故謂之王正月也
三正以黑統初正日月朔于營室斗建寅
親赤統故日分平明平明朝正

正白統奈何曰正白統者厤正日月朔于虛斗建丑

親黑統故日分鳴晨鳴晨朝正

親白統故日分夜半夜半朝正

改正之義奉元而起並同上

故王者受命改正朔不順數而往必迎來而受之者授受之義

也二端

三正散見於六經觀此篇所發明實皆孔子所定夏商周皆

所託也

即位

春秋之法以人隨君以君隨天曰緣臣民之心不可一日無君

一日不可無君而猶三年稱子者爲君心之未當立也此非以

人隨君耶孝子之心三年不當三年不當而踰年即位者與天

數俱終始也此非以君隨天耶故屈民而伸君屈君而伸天春秋之大義也玉杯

非其位而即之雖受之先君春秋危之宋繆公是也非其位不受之先君而自即之春秋危之吳王僚是也雖然苟能行善得衆春秋弗危衞侯晉以正書葬是也俱不宜立而宋繆公受之先君而危衞宣弗受先君而不危以此見得衆心之爲大安也故齊桓非直弗受之先君也乃率弗宜爲君者而立罪亦重矣然而知恐懼故舉賢人而以自覆蓋知不背要盟以自湔浣也遂爲賢君而霸諸侯玉英

天子三年然後稱王經禮也有物故則未三年而稱王變禮也桓之志無王故不書王其志欲立故書即位書即位者言其弒君兄也不書王者以言其背天子是故隱不言正桓不言王者

皆從其志以見其事也從賢之志以達其義從不肖之志以著
其惡由此觀之春秋之所善善也所不善亦不善也不可不兩
省也並同上

爵國內官附　表附

春秋鄭忽何以名春秋曰伯子男一也辭無所貶何以爲一曰
周爵五等春秋三等春秋何三等曰王者以制一商一夏一質
一文商質者主天夏文者主地春秋者主人故三等也三代改制

合伯子男爲一等

制爵三等祿士二品

制爵五等祿士三品

制爵三等祿士二品

制爵五等祿士三品並同上

春秋曰會宰周公又曰公會齊侯宋公鄭伯許男滕子又曰初獻六羽傳曰天子三公稱公王者之後稱公其餘大國稱侯小國稱伯子男凡五等故周爵五等士三品文多而實少春秋三等合伯子男為一爵士二品文少而實多春秋曰荆傳曰氏不若人人不若名名不若字凡四等命曰附庸三代共之然則其地列奈何曰天子邦圻千里公侯百里伯七十里子男五十里附庸字者方三十里名者方二十里人氏方十五里春秋曰宰周公傳曰天子三公祭伯來傳曰天子大夫宰渠伯糾傳曰下大夫石尚傳曰天子之士也王人傳曰微者謂下士也凡五等春秋曰作三軍傳曰何以書譏何譏爾古者上卿下卿上士下士凡四等小國之大夫與次國下卿同次國大夫與大國下卿同大國下大夫與天子下士同二十四等祿入差有劉庶常曰疑作

祿人有差大功德者受大爵土功德小者受小爵土大材者執大官位小材者受小官位如其能宜治之至也故萬人者曰英千人者曰俊百人者曰傑十人者曰豪豪傑英俊不相陵故治天下如視諸掌上其數何法以然曰天子分左右五等三百六十三人法天一歲之數五時色之象也通佐十上卿與下卿而二百二十人天庭之象也倍諸侯之數也諸侯之外佐四等百二十人法四時六甲之數也通佐五與下而六十人法日辰之數也佐之必三三而相復何曰時三月而成大辰三而成象諸侯之爵或五何法天地之數也五官亦然然則立置有司分指數奈何曰諸侯大國四軍古之制也其一軍以奉公家也凡口軍三口者何曰大國十六萬口而立口軍三何以言之曰以井田准數之方里而一井一井而九百畝而立口方里八家百畝以食

五口上農夫耕百畝食九口次八人次七人次六人次五人多
寡相補率百畝而三口方里而二十四口方里者十得二百四
十口方十里爲方百里者百得二千四百口方百里爲方里者
萬得二十四萬口法三分而除其一城池郭邑屋室閭巷街路
市宮府園囿萎圃臺沼椽采得良田方十里者六十六十與方
里六十六（與上十字當在方字之下里字之下當有者字）定率得十六萬口三分之則
各五萬三千三百三十三口爲大（缺一字）口軍三此公侯也天子
地方千里爲方百里者百亦三分除其一定得田方百里者六
十六與方十里者六十六定率得千六百萬口九分之各得百
七十七萬七千七百七十七口爲京口軍九三京口軍以奉王
家故天子立一后一世夫人中左右夫人四嬪三良人立一世
子三公九卿二十七大夫八十一元士二百四十三下士有七

上卿二十一下卿六十三元士百二十九下士王后置一大傅
太母三伯三丞二二十世字之誤夫人四姬三良人各有師傅世子
一人太傅三傅三率三少士入仕宿衛天子者比下士下士者
如上士之下數王后御衛者上下御各五人二二十世字之誤夫人
中左右夫人四姬上下御各五人三良人各五人世子妃姬及
士衛者如公侯之制王后傅上下史五人三伯上下史各五人
少伯史各五人世子太傅上下史各五人少傅亦各五人三率
三下率亦各五人三公上下史各五人卿上下史各五人大夫
上下史各五人元士上下史各五人上下卿上下士之史上下
亦各五人卿大夫元士臣各三人故公侯方百里三分除一定
得田方十里者六十六與方里六十六定率得十六萬口三分
之爲大國口軍三而立大國一夫人一世婦左右婦三姬二良

人立一世子三卿九大夫二十七上士八十一下士亦有五遁
大夫張編修曰通大夫上下士所謂遁佐也此不言人數下文次國小國云五上士十五下士計共二十五人與前言六十人不相應天子通佐二百二十人諸侯不應若是之少且非三三相復之率疑當云五通大夫十五上士四十五下士凡六十五人言六十者舉大數也或前文脫五字立上下士上卿位比天子之元士今八
百石下卿六百石上士四百石下士三百石夫人一傅母三伯
三丞世婦左右婦三姬二良人各有師保世子一上傅丞士宿
衛公者比公者比上卿者有三人下卿六人比上下士者如上
下之數夫人衛御者上王后作御衛上下御各五人世婦左右婦上下
御各五人二卿御各五人世子上傅上下史各五人丞史各五
人三卿九大夫上士史各五人下士史各五人遁大夫士上下
史各五人卿臣二人此公侯之制也公侯賢者爲州方伯錫斧
鉞置虎賁百人故伯七十里七七四十九三分除其一定得田

方十里者二十八與方十里者六十六定率得十萬九千二百一十二口爲次國口軍三而立次國一夫人世婦左右婦三良人二孺子立一世子三卿九大夫二十七上士八十一下士與五通大夫五上士十五下士其上卿位比大國之下卿今六百口下卿四百石上士三百石下士二百石夫人一傅母三伯三丞世婦左右婦三良人二御人各有師保世子一下士傅士宿衞公者比上卿者三人下卿六人比上下士如上下之數夫人御衞者上下士御各五人世婦左右婦上下御各五人二御各五人世子上傅上下史各五人丞史各五人三卿九大夫上下史各五人下士史五人通大夫上下史各五人卿臣二人故子男方五十里五五二十五爲方十里者六十六定率得四萬口爲小國口軍三而立小國夫人（夫人上當有一字）世婦左右婦三良人

二孺子立一世子三卿九大夫二十七上士八十一下士與五通大夫五上士十五下士其上卿比次國之下卿今四百石下卿三百石上士二百石下士百石夫人一傅母三伯三丞世婦左右婦三良人一御人各有師保世子一上下傅士宿衞公者比上卿者三人下卿六人夫人御衞者上下御各五人世婦左右婦上下御各五人二御人各五人世子上傅上下史各五人三卿九大夫上下史各五人士各五人通大夫上下史亦各五人卿臣三人此周制也春秋合伯子男爲一等故附庸字者地方三十里三三而九三分而除其一定得田方十里者六十定率得一萬四千四百口爲口師三而立一宗婦二妾一世子宰丞丞一士一秩士五人宰視子男下卿今三百石宗婦有師保御者三人妾各二人世子一傅士宿衞君者比上卿下卿一人

上下各如其數世子傅上下史各五人下亘五(有誤)稱名善者地方半字君之地九半四分除其一定得田方十里者三定率得七千二百口一世子宰令二百石下四半三半二十五三分除其一定得田方十里者一與方里者五十定率得三千六百口一世子宰令百石史五人宗婦仕衞世子臣(爵國)

爵國表

爵國之制公侯伯子男之國爵凡三等附庸之國氏人名字凡四等天子公卿大夫元士下士凡四等通佐上卿下卿上士下士凡四等諸侯上卿下卿上士下士凡四等附庸宰丞士秩士凡四等共爵二十四等八百石六百石四百石三百石二百石百石比百石斗食祿凡八差建國之制大功德者受大爵士功德小者受小爵士任官之制大

材者執大官位小材者受小官位各如其能故萬人曰英可任卿千人曰俊可爲大夫百人曰傑可爲上士十人曰豪可爲下士豪傑俊英不相陵故治天下如視諸掌田祿重厚則愛其廉恥官爵稱能則任職無廢視後世抽籤停年之選何如也此篇闕脫最多謹推表之如左

爵表　諸侯之爵或五何依天地之數也五官亦然又云周爵五等春秋三等此周制也今依春秋五官亦然義與曲禮同當亦舊制篇中不詳今不敘

公一位

王者之後稱公

按春秋宋公是也

侯一位

大國稱侯公

侯賢者爲州方伯錫斧鉞置虎賁百人

伯子男同一位字附庸一等

小國稱伯子男

按周爵五等伯與子男不同位春秋三等傳伯子男

名附庸二等　人附庸三等　氏附庸四等

一也合伯子男爲一爵

國里口軍表節錄原文以此類推

方里一井井九百畝方里八家百畝以食五口上農夫食九口次八人次七人次六人次五人多寡相補率百畝而三口方里而二十四口方里者十得二百四十口方十里爲方百里者百得二千四百口方百里爲方里者萬得二十四萬口法三分而除其一城池郭邑屋室閭巷街路市宮府園囿萎圈臺沼椽采得良田方十里者六十六與方十里者六十六定率得十六萬口

按所食之口男女合算率百畝而三口專就男子算以起軍數他書無之此篇最詳明

天子方千里三分除其一定得田方百里者六十六與方十里者六十六定率得千六百萬口九分之各得百七十七萬七千七百七十七口爲京口軍九三

公侯方百里三分除一定得田方十里者六十六與方里六十六定率得十六萬口三分之爲大國口軍三

按定率得一十五萬九千九百八十四口三分之每五萬三千三百二十八口

伯方七十里七七四十九三分除其一定得田方十里者二十八與方里者六十六定率得十萬九千二百一十二口爲次國口軍三

按以開方計之得方十里

子男方五十里五五二十五爲方十里者十六定率得四萬口爲小國口軍三

按以開方計之得方十里者十六餘一下方十里者一再以開方計得方里者六十六統計得田方里者一千六百六十六定率得三萬九千九百八十四口三

京口軍以奉
王家
按以開方計之除方百里者六十六實得餘下方百里者一再以開方計之除方十里者大十六實餘下方十里者一再以開方計之除方里者六十六今原丈不言方里六十六者舉大數也言統計實得田方里者六十六萬六千六百六十六定率得千五百九

者三十二餘下方十里者再以開方計之定得方里者六十六統計得田方里者三千二百六十六定率得七萬八千三百八十四口三分之得二萬六千一百二十八口原丈蓋誤十字亦衍令改正

分之為一萬三千三百二十八口原丈方十里者六十六六字衍今改正四萬句蓋舉大數

十九萬九千
九百八十四
口九分之得
一百七十七
萬七千七百
七十六人
附庸字者方三
十里
三三丁九三
分而除其一
定得田方十
里者六十定
率得一萬四
千四百口爲
口師三

附庸名者方二
十里
四分除其一
定得田方十
里者三定率
得七千二百
口

附庸人氏者方
十五里
下四半三半
二十五三分
除其一定得
田方十里者
一與方里者
五十定率得
三千六百口

按以開方計之三三而九三分而除其一定得田方十里者六定卒得一萬四千四百口三分之爲四千八百口原文十字衍今改正

按春秋之制方伯二師襄十一年作三軍公羊舊疏云王官之伯宜半天子乃有三軍魯爲州牧但合二軍是三軍之制已非侯國所有矣今篇內云諸侯大國四軍又於公侯伯子男皆云立口軍三何四軍之說諸經皆不言三軍之說亦與春秋不合乎疑軍字不作萬二千五百人解所謂立口軍三者但將國內分爲三區之意也至大國四軍

一軍以奉公家之說下文並未有言及者疑亦如五官亦然句推論舊制之辭也

天子官屬表 分左右五等共三百六十三人法天一歲之數五時色之象

公三人 春秋宰周公天子之相稱公傳曰自陝以東周公主之自陝以西召公主之一相處乎內王制曰分天下以為左右曰二伯
田視諸侯
上下史各五人

卿九人
田視伯
臣各三人
上下史各五人

大夫二十七人 春秋祭伯來傳曰天子大夫宰渠伯糾傳曰下大夫則天子大夫有上下矣春秋不別稱天子之卿與上大夫卽卿也
田視子男
臣各三人
上下史各五

元士八十一人 春秋石尚傳曰天子之士也
祿入比漢之入百石
臣各三人
上下史各五人

下士二百四十

人

三人

王人傳曰微者謂下士也

祿入比漢之六百石

上下史各五

大

天子通佐爵表四等二百二十八人法天庭之象　入仕宿衛者附通佐不見他書

上卿七人

傳古者上卿下卿上士下士或郎通位也

下卿二十一人元士六十三人下士百二十九

臣各三人

上下史各五

臣各三人

上下史各五

人

上下史各五

臣各三人
上下史各五
人
入仕宿衛二百
四十三人

云如上士之下數必與上官屬同也漢書董仲舒傳臣愚以爲宣使諸列侯郡守二千石各擇其吏民之賢者歲貢各二人以給宿衛以漢郡國計之每貢二人亦必有二百餘人矣

人

人

人

天子內御表

天子一娶十二女可證九嬪二十七世婦八十一御妻之僞　世子附

后一人 曲禮天子之妃曰后 上下御各五人	世夫人一人 漢書外戚傳妾皆稱夫人 上下御各五人	中左右夫人三姬四人 漢書文帝紀臣瓚注姬內官也秩比二千石 上下御各五人
良人三人 漢書外戚傳視八百石 上下御各五人	世子一人	

王后宮屬表

何注禮后夫人必有傅母所以輔正其行衛其身也

太傅一人	太母一人	竹三人	丞三人

選老大夫爲傅
上下史各五
人

選老大夫之妻爲母
上下史各五
人

亦名少伯
上下史各五
人

夫人四姬三良人各有師傅

世子官屬表

太傅
傅傅之德義大戴保傅篇以爲太保太傅太師三人
上下史各五
人

三傅
卽三少大戴保傅篇少保少傅少師與太子宴者也孩提有識明孝仁禮義以道及之選天下之端士孝悌博聞有道術者以衛翼之

率三人
上下史各五
人

少士三人
亦名下率
上下史各五
人

上下史各五人

世子內御表世子妃嫡及士備者如公侯之制據而表之所謂一娶九女也尚有二卿又作二御人於九女之制不合疑二卿與二御人爲姬與良人之別名

妃一人

上下御各五人

良人二人

上下御各五人

世婦一人

上下御各五人

左右婦二人

上下御各五人

姬三人

上下御各五人

世子妃官屬表

傅一人

母一人

伯三人

丞三人

世婦左右婦三姬二二良人各有師保

大國官屬外佐爵表四等百二十人法四時六甲之數

卿三人位比天子之元士祿入如漢八百石臣三人原作二人然小國卿臣三人三乃成數今改正上下史各五人

大夫九人亦名下卿六百石上下史各五人

上士二十七人四百石上下史各五人

下士八十一人三百石上下史各五人

大國通佐爵表 三等六十八法日辰之數 衛士附

通大夫五人	上士十五人	下士四十五人衛士
上下史各五人	上下史各五人	上下史各五人

張氏惠言曰大國通佐不言人數惟次國小國云五上士十五下士與六十之數不符疑五通大夫郎五人則上士當十五人下士四十五人共六十五人言六十者舉大數也今從之次國小國同例

士宿衛公者比公者比上卿者有三人下卿六人比上下士者如上下之數衛士安有比公卿者當誤不敢補入以天子例之當如下士之數

公侯內御表 世子附

夫人一人
上下御各五人

世婦一人
上下御各五人

左右婦一人
上下御各五人

姬三人
上下御各五人

良人二人
上下御各五人

世子一人

夫人官屬表

傅一人　母一人　伯三人　丞一人

世婦左右婦三姬二二良人各有師保

世子官屬表

上傅一人　丞二人

上下史各五　史各五人

人

次國官屬外佐爵表四等百二十人

卿三人
比大國下卿
如漢六百石
上下史各五
臣三人
原作二人以小國三人三乃成數今改正
上下史各五
人

大夫九人
四百石
上下史各五
人

上士二十七人下士八十一人
三百石
上下史各五
人
二百石
上下史各五
人

次國通佐爵表六十八人　衛士附

通佐大夫五人通佐上士十五通佐下士四十衛士

上下史各五人　五人

人

次國內御表世子附

夫人一人　世婦一人　左右婦二人　良人三人

上下御各五人　上下御各五人　上下御各五人　御五人

孺子二人　世子一人

御五人

夫人官屬表

傅一人　母一人　伯三人　丞三人

世婦左右婦三良人二孺人各有師保孺人原作御人當是孺子別名

世子官屬表

上傅
上下史各五人
丞
史各五人

小國官屬外佐爵表四等百二十人

卿三人
位當次國之下卿
漢四百石
臣三人
上下史各五人

大夫九人
三百石
上下史各五人

上士二十七人
二百石
史各五人

下士八十一人
百石
史各五人

小國通佐爵表六十人　御士附

通佐大夫五人通佐上士十五通佐下士四十衞士

上下吏各五人　五人

人

小國內御表世子附

夫人一人	世婦一人	左右婦二人	良人三人
上下御各五	上下御各五	上下御各五	御五人
人	人	人	
孺子二人	世子一人		
御五人			

夫人宮屬表

傅一人	母一人	伯三人	丞三人

世婦三良人二孺人各有師保原文一御人當是二孺人之誤

世子官屬表

上傅

上下史各五人

下傅

即丞

附庸三十里者官屬表

宰一人

視子男下卿

漢三百石

世子傅有上下史各五人則宰亦應有上下史各五人

丞一人

原作丕丞丕丕字疑誤

祿無明文以二十四等推之當如小國上士二百石以下類推

士一人

當如小國下士百石

秩士五人

當如漢有秩斗食佐史

衛士

附庸三十里者內御表世子附

宗婦一人	妾二人	世子一人
御者三人	御者各二人	

宗婦官屬表

師一人	保一人	

世子官屬表

傅一人		
上下史各五人		

附庸二十里者官屬表

亦當有宗婦一人妾二人世子一人文闕丞士秩士皆應有之

宰一人	丞一人	秩士五人
如漢二百石	推補當爲百石	推補當爲斗食

史五人

附庸十五里者官屬表亦當有宗婦一人妾二人世子一人文闕

宰一人 如漢百石

秩士五人 推補當為斗食

衞士

史五人

王者制官三公九卿二十七大夫八十一元士凡百二十人而列臣備矣吾聞聖王所取儀金天之大經三起而成四轉而終官制亦然者此其儀與三人而為一選儀於三月而為一時也四選而止儀於四時而終也三公者王之所以自持也天以三成之王以三自持立成數以為植而四重之其可以無失矣備天數以參事治謹於道之意也此百二十臣者皆先王之所與正直而行也是故天子自參以三公三公自參以九卿九卿自

參以三大夫三大夫自參以三士三人爲選者四重自三之道以治天下若天之四重自三之時以終始歲也一陽而三春非自三之時與而天四重之其數同矣天有四時時三月王有四選選三臣是故有孟有仲有季一時之情也有上有下有中一選之情也三臣而爲一選四選而止人情盡矣人之材固有四選如天之時固有四變也聖人爲一選君子爲一選善人爲一選正人爲一選由此以下者不足選也四選之中各有節也故天選四堤十二而人變盡矣盡人之變合之天唯聖人者能之所以立王事也官制象天

是故禮三讓而成一節官三人而成一選三公爲一選三卿爲一選三大夫爲一選三士爲一選凡四選三臣應天之制凡四時之三月也是故以其三爲選取諸天之經其以四爲制取諸

天之時其以十二臣爲一條取諸歲之度其至十條而止取之
天端
條十端亦用百二十臣以率被之皆合於天其率三臣而成一
愼故八十一元士爲二十七愼以持二十七大夫二十七大夫
爲九愼而持九卿九卿爲三愼以持三公三公爲一愼以持天
子天子積四十愼以爲四選選十愼三臣皆天數也是故以四
選率之則選三十人三四十二百二十人亦天數也以十端四
選十端積四十愼愼三臣三四十二百二十人亦天數也以三
公之勞率之則公四十人三四十二百二十人亦天數也故散
而名之爲百二十臣選而賓之爲十二長所以名之雖多莫若
謂之四選十二長然而分別率之皆有所合無不中天數者也
求天數之微莫若於人人之身有四肢每肢有三節三四十二

十二節相持而形體立矣天有四時每一時有三月三四十二十二月相受而歲數終矣官有四選每一選有三人三四十二十二臣相參而事治行矣以此見天之數人之形官之制相參相得也

先王因人之氣而分其變以為四選是故三公之位聖人之選也三卿之位君子之選也三大夫之位善人之選也三士之位正直之選也分人之變以為四選選立三臣如天之分歲之變以為四時時有三節也天以四時之選與十二節相和而成歲王以四時之選與十二臣相砥礪而致極道必極於其所至然後能得天地之美也竝同上

偏見漢前書無非三公九卿者三三相成董子之說尤精透而六卿之謬僞不待攻矣

爲其遠者目不能見其隱者耳不能聞於是千里之外割地分民而建國立君使爲天子視所不見聽所不聞朝夕召而問之也諸侯爲言猶諸侯也（諸侯）

有天子在諸侯不得專地不專封（王道）

春秋之法大夫不得用地（王英）

大夫不得世（王道）

立夫人以適不以妾

天子不臣母后之黨（並同上）

考績

考績之法考其所積也天道積聚衆精以爲光聖人積聚衆善以爲功故日月之明非一精之光也聖人致太平非一善之功也（考功名）

考績黜陟計事除廢有益者謂之公無益者謂之煩擥名責實不得虛言有功者賞有罪者罰功盛者賞顯罪多者罰重不能致功雖有賢名不予之賞官職不廢雖有愚名不予之罰賞罰用於實不用於名賢愚在於質不在於文故是非不能混喜怒不能傾姦軌不能弄萬物各得其冥則百官勸職爭進其功

考試之法大者緩小者急貴者舒而賤者促諸侯月試其國州伯時試其部四試而一考天子歲試天下三試而一考前後三考而絀陟命之日計

考試之法合其爵祿并其秩積其日陳其實計功量罪以多除少以爲名定實先內弟之其先比二三分以爲上中下以考進退然後外集通名日進退增減多少有率爲弟 句 九分三三列之亦有上中下以爲一最五爲中九爲殿有餘歸之於中中而

上者有得中而下者有負得少者以一益之至於四負多者以四減之至於一皆逆行三四十二而成於計得滿計者紬陟之次次每計各逐其弟以通來數初次再計次次四計各不失故弟而亦滿計紬陟之

初次再計謂上弟二也次次四計謂上弟三也九年為一弟二得九並去其六為置三弟六六得等為置一一并中者得三盡去之并三三計得六并得一計得六六此為四計也紬者亦然並同上

度制

聖人之道眾隄防之類也謂之度制謂之禮節故貴賤有等衣服有別朝廷有位鄉黨有序則民有所讓而民不敢爭所以一之也書曰釐服有庸誰敢弗讓敢不敬應此之謂也度制

凡衣裳之生也為蓋形煖身也然而染五采飾文章者非以為

益股膚血氣之情也將以貴貴尊賢而明別上下之倫使教亟
行使化易成爲治爲之也若去其度制使人人從其欲快其意
以逐無窮是大亂人倫而靡斯財用也失文采所遂生之意矣
上下之倫不別其勢不能相治故苦亂也嗜欲之物無限其數
不能相足故苦貧也今欲以亂爲治以貧爲富非反之制度不
可古者天子衣文諸侯不以燕大夫衣緣士不以燕庶人衣緦
此其大略也同上
率得十六萬國三分之則各度爵而制服量祿而用財飲食有
量衣服有制宮室有度畜產人徒有數舟車甲器有禁生有軒
冕之位貴祿田宅之分死有棺槨絞衾壙襲之度雖有賢才美
體無其爵不敢服其服雖有富家多貲無其祿不敢用其財天
子服有文章夫人不得以燕饗公以廟將軍大夫不得以燕饗

以廟將軍大夫以朝官吏以命士止於帶緣散民不敢服雜采
百工商賈不敢服狐貉刑餘戮民不敢服絲元纁乘馬謂之服
制服制

田賦徭役征榷國用附

五帝三皇之治天下不敢有君民之心什一而稅王道
勸農事無奪民時使民歲不過三日行什一之稅五行順逆
不奪民時使民不過歲三日
刺家父求車
不得致天子之賦
故臧孫辰請糴于齊孔子曰君子爲國必有三年之積一年不
熟乃請糴失君之職也並同上
墾草殖穀開闢以足衣食所以奉地本也立元神

器械

正路輿質黑馬黑大節綬幘尚黑旗黑大寶玉黑三代改制

正路輿質白馬白大節綬幘尚白旗白大寶玉白

正赤統者大節綬幘尚赤旗赤大寶玉赤

惟祭器員玉厚九分

鸞輿尊蓋法天列象垂四鸞

祭器方玉厚八分

鸞輿卑法地周象載垂二鸞

祭器橢玉厚七分

鸞輿尊蓋備天列象垂四鸞

祭器衡同作秩機玉厚六分

鸞輿卑備地周象載垂二鸞並同上

器之黑白赤輿蓋之尊卑鸞之四二玉之圓方橢衡皆三統也

金者秋殺氣之始也建立旗鼓杖把旄鉞五行順逆

宮室明堂附

作南門刻桷丹楹作雉門及兩觀築三臺譏驕溢不恤下也王道

宮室有度服制

制郊宮明堂員其屋高嚴侈員三代改制

制郊宮明堂方其屋卑污方

制郊宮明堂內員外橢其屋如倚靡員橢

制郊宮明堂內方外衡其屋習而衡並同上

此郊宮明堂之三統也今之宮室方衡卑污遵用夏統蓋禹卑宮室孔子美之以古者徭役皆用民力非若後世顧役故

築三臺築南門皆譏不恤下故貴卑衡也若皆出顧役則雖崇高何傷觀高嚴員侈倚靡員橢之形三十六牖七十二戶之制泰西宮室孔子早爲之預制寄之三統以待後世顧役之時用之孔子之神智至仁極矣

章服

天統氣始通化物物見萌達其色黑故朝正服黑首服藻黑三代改制

天統氣始蛻化物物始芽其色白故朝正服白首服藻白

白藻五絲衣制大上首服嚴員

白藻四絲衣制大下首服卑退

白藻三絲衣長前衽首服員轉

白藻三絲衣長後衽服首習而垂流

是以朝正之義天子純統色衣諸侯統衣纏緣紐大夫士以冠參近夷以綏遐方各衣其服而朝所以明乎天統之義也並同上

天子服有文章夫人不得以燕饗公以廟將軍大夫不得以燕饗以廟將軍大夫以朝官吏以命士止於帶緣散民不敢服雜采百工商賈不敢服狐貉刑餘戮民不敢服絲元纁乘馬謂之服制服制

天地之生萬物也以養人故其可食者以養身體其可威者以爲容服禮之所爲興也劍之在左青龍之象也刀之在右白虎之象也鉤之在前赤鳥之象也冠之在首元武之象也四者人之盛飾也夫能通古今別然不然乃能服此也蓋元武者貌之最嚴有威者也其象在右其服反居首武之至而不用矣聖人之所以超然雖欲從之末由也已夫執介冑而後能拒敵者故

非聖人之所貴也君子顯之於服而武勇者消其志於貌也矣
故文德爲貴而威武爲下此天下之所以永全也於春秋何以
言之孔父義形於色而姦臣不敢容邪虞有宮之奇而獻公爲
之不寐晉厲之强中國以寢尸流血不已故武王克殷裨冕而
搢笏虎賁之士說劍安在勇猛必任武殺然後威是以君子所
服爲上矣故望之儼然者亦已至哉豈可不察乎服制象
率得十六萬國三分之則各度爵而制服服制
古者天子衣文諸侯不以燕大夫衣緣士不以燕庶人衣縵此
其大略也度制

樂律

問者曰物改而天授顯矣其必更作樂何也曰樂異乎是制爲
應天改之樂爲應人作之彼之所受命者必民之所同樂也是

故大改制於初所以明天命也更作樂於終所以見天功也緣天下之所新樂而爲之文曲且以和政且以興德天下未徧合和王者不虛作樂樂者盈於內而動發於外者也應其治時制禮作樂以成之成者本末質文皆以具矣是故作樂者必反天下之所始樂於已以爲本舜時民樂其昭堯之業也故韶韶者昭也禹之時民樂其三聖相繼故夏夏者大也湯之時民樂其救之於患害也故頀頀者救也文王之時民樂其興師征伐也故武武者伐也四者天下同樂之一也其所同樂之端不可一也作樂之法必反本之所樂所樂不同事樂安得不世異是故舜作韶而禹作夏湯作頀而文王作武四樂殊名則各順其民始樂於已也吾見其效矣詩云文王受命有此武功旣伐于崇作邑于豐樂之風也又曰王赫斯怒爰整其旅當是時紂爲無

道諸侯大亂民樂文王之怒而詠歌之也周人德已洽天下反本以爲樂謂之大武言民所始樂者武也云爾故凡樂者作之於終而名之以始重本之義也由此觀之正朔服色之改受命應天制禮作樂之異人心之動也二者離而復合所爲一也楚莊王

僭舞八佾王道

不得舞天子之樂

觀乎獻六羽知上下之差並同上

作武樂制文禮以奉天三代改制

作象樂繼文以奉天周公輔成王受命作宮邑於洛陽成文武之制作汋樂以奉天

樂宜親招武故以虞錄親樂

樂器黑質

樂器白質

樂器赤質

樂載鼓用錫儛儛溢員

樂設鼓用纖施儛儛溢方

樂程鼓用羽籥儛儛溢橢

樂縣鼓用萬儛儛溢衡並同上

樂器之有黑白赤鼓之或載或設或程或縣舞之用錫用纖施用羽籥用萬佾之員方橢衡皆孔子改制託夏商周以爲三統也

雖有察耳不吹六律不能定五音楚莊王

試調琴瑟而錯之鼓其宮則他宮應之鼓其商而他商應之五

音比而自鳴非有神其數然也（同類相動）

故琴瑟報彈其宮他宮自鳴而應之此物之以類動者也其動以聲而無形人不見其動之形則謂之自鳴也又相動無形則謂之自然其實非自然也有使之然者（同上）

人有聞諸侯之君射貍首之樂者於是自斷貍首縣而射之曰安在於樂也此聞其名而未知其實者也（楚莊王）

卜筮

蓍百莖而共一本龜千載而人寶是以三代傳決疑焉（奉本）

學校

立辟廱庠序修孝悌敬讓明以教化感以禮樂所以奉人本也（立元神）

選舉

舉顯孝悌表異孝行所以奉天本也立元神

進經術之士五行順逆

舉賢良進茂才官得其能任得其力同上

冠

冠于阼三代改制

冠于堂

冠于房並同上

此冠禮之三統也

字子以父別眇三代改制

字子以母別眇

字子以父別眇

字子以母別眇並同上

此冠禮字子之三統也合春秋之制爲四而復

昏

犯大禮而取同姓楚莊王

春秋譏文公以喪取難者曰喪之法不過三年三年之喪二十五月今按經文公乃四十一月乃取取時無喪出其法也久矣何以謂之喪取曰春秋之論事莫重乎志今取必納幣納幣之月在喪分故謂之喪取也且文公以秋祫祭以冬納幣皆失於太蚤春秋不譏其前而顧譏其後必以三年之喪肌膚之情也雖從俗而不能終猶宜未平於心今全無悼遠之志反思念取事是春秋之所甚疾也故譏不出三年於首而已譏以喪取也不別先後賤其無人心也玉杯

取於大夫以卑宗廟同上

是故昏禮不稱主人經禮也辭窮無稱稱主人變禮也玉英

是故春秋之於昏禮也達宋公而不達紀侯之母紀侯之母宜稱而不達宋公不宜稱而達達陽而不達陰以天道制之也陽尊陰卑

祭公來逆王后譏失禮也王道

昏禮逆于庭三代改制

昏禮逆于堂

昏禮逆于戶

夫婦對坐而食

夫婦同坐而食

夫婦對坐而食

夫婦同坐而食並同上

此昏禮之三統也

相見

凡執贄天子用暢公侯用玉卿用羔大夫用雁雁乃有類於長者長者在民上必施然有先後之隨必淑然有行列之治故大夫以爲贄羔有角而不任設備而不用類好仁者執之不鳴殺之不謕類死義者羔食其母必跪而受之類知禮者故羊之爲言猶祥與故卿以爲贄玉有似君子子曰人而不曰如之何如之何者吾莫如之何也矣故匿病者不得良醫羞問者聖人去之以爲遠功而近有災是則不有玉至清而不蔽其惡內有瑕穢必見之於外故君子不隱其短不知則問不能則學取之玉也君子比之玉玉潤而不汚是仁而至清潔也廉而不殺是義而不害也堅而不磬過而不濡視之如庸展之如石狀如石搔

而不可從繞潔白如素而不受污玉類備者故公侯以爲贄暢有似於聖人者純仁湻粹而有知之貴也擇於身者盡爲德音發於事者盡爲潤澤積美陽芬香以通之天暢亦取百香之心獨末之合之爲一而達其臭氣暢於天其湻粹無擇與聖人一也故天子以爲贄而各以事上也觀贄之意可以見其事執贄

喪

喪之法不過三年三年之喪二十五月玉杯

文公不能服喪不時奉祭倒序以不三年同上

問者曰是君死其子未踰年有稱伯不子法辭其罪何曰先王之制有大喪者三年不呼其門順其志之不在事也詩云詩當作書高宗諒闇三年不言居喪之義也今縱不能如是柰何其父卒未踰年即以喪舉兵也春秋以薄恩且施失其子心故不復得

稱子謂之鄭伯以辱之也竹林

喪禮殯于東階之上三代改制

喪事殯于楹柱之間

喪禮殯于西階之上

喪禮別葬

喪禮合葬

喪禮別葬

喪禮合葬並同上

此喪禮之三統與檀弓同

死有棺槨絞衾壙襲之度服制

祭犧牲附

春秋立義天子祭天地諸侯祭社稷諸山川不在封內不祭王道

天子祭天諸侯祭土郊事對

古之王者受命而王改制稱號正月服色定然後郊告天地及羣神近遠祖禰然後布天下諸侯廟受以告社稷宗廟山川三代改制

是故肅慎三本郊祀致敬共事祖禰立元神

祭禮先臊三代改制

祭禮先亨

祭禮先嘉蔬

祭禮先秬鬯

郊牲黑犧牲角卵

祭牲黑牡薦尚肝

郊牲白犧牲角繭

祭牲白牡薦尙肺

郊牲騂犧牲角栗

祭牲騂牡薦尙心 並同上

王制曰祭天地之牛繭栗宗廟之牛握賓客之牛尺此言德滋美而牲滋微也春秋日魯祭周公用白牲色白貴純也帝牲在滌三月牲貴肥潔而不貪其大也凡養牲之道務在肥潔而已駒犢未能勝芻豢之食莫如令食其母便臣謹問仲舒魯祀周公用白牲非禮臣仲舒對曰禮也臣湯問曰周天子用騂剛羣公不毛周公諸公也何以得用純牲臣仲舒對曰武王崩成王幼而在襁褓之中周公繼文武之業成二聖之功德漸天地澤被四海故成王賢而貴之詩云無德不報故成王使祭周公以白牲上不得與天子同色下有異於諸侯仲舒愚以爲報德之

禮 郊事對

臣湯問仲舒魯祭周公用白牲其郊何用臣仲舒對曰魯郊用純騂剛周色上赤魯以天子命郊故以騂同上

郊

廷尉臣張湯昧死言曰臣湯承制以郊事問故膠西相仲舒臣仲舒對曰所聞古者天子之禮莫重於郊郊常以正月上辛者所以先百神而最居前禮三年喪不祭其先而不敢廢郊郊重於宗廟天尊於人也王制曰祭天地之牛繭栗宗廟之牛握賓客之牛尺此言德滋美而牲滋微也春秋曰魯祭周公用白牲色白貴純也帝牲在滌三月牲貴肥潔而不貪其大也凡養牲之道務在肥潔而已駒犢未能勝芻豢之食莫如令食其母便臣湯問仲舒魯祀周公用白牲非禮臣仲舒對曰禮也臣湯問

日周天子用騂剛羣公不毛周公諸公也何以得用純牲臣仲舒對曰武王崩成王幼而在襁褓之中周公繼文武之業成二聖之功德漸天地澤被四海故成王賢而貴之詩云無德不報故成王使祭周公以白牲上不得與天子同色下有異於諸侯仲舒愚以為報德之禮臣湯問仲舒天子祭天諸侯祭土魯何緣以祭郊臣仲舒對曰周公傅成王成王遂及聖功莫大於此周公聖人也有祭於天道故成王令魯郊也臣湯問仲舒魯祭周公用白牲其郊何用臣仲舒對曰魯郊用純騂剛周色上赤魯以天子命郊故以騂臣湯問仲舒祠宗廟或以鶩當鳧鶩非鳧可用否仲舒對曰鶩非鳧鳧非鶩也臣聞孔子入太廟每事問慎之至也陛下祭躬親齋戒沐浴以承宗廟甚敬謹柰何以鳧當鶩鶩當鳧名實不相應以承太廟不亦不稱乎臣仲舒愚

以爲不可臣犬馬齒衰賜骸骨伏陋巷陛下幸使九卿問以朝廷之事臣愚陋曾不足以承明詔奉大對臣仲舒昧死以聞郊事對

郊天祀地王道

郊天祀地如天子之爲同上

今郊事天之義此聖人故故古之聖王文章之最重者也前世王莫不從重栗精奉之以事上天至於秦而獨闕然廢之一何其不率由舊章之大甚也天者百神之大君也事天不備雖百神猶無益也何以言其然也祭而地神者春秋譏之孔子曰獲罪於天無所禱也是其法也故未見秦國致大福如周國也詩曰唯此文王小心翼翼昭事上帝允懷多福多福者非謂人事也事功也謂天之所福也傳曰周國子多賢蕃至於駢孕男者

四四產而得八男皆君子俊雄也此天之所以興周國也非周國之所能爲也今秦與周俱得爲天子而所以事天者異於周以郊爲百神始始入歲首必以正月上辛日先享天乃敢于地先貴之義也郊語

郊義春秋之法王者歲一祭天於郊四祭於宗廟宗廟因於四時之易郊因於新歲之初聖人有以起之其以祭不可不親也天者百神之君也王者之所最尊也以最尊天之故故易始歲更紀卽以其初郊郊必以正月上辛者言以所最尊首一歲之事每更紀者以郊郊祭首之先貴之義尊天之道也郊義

春秋之義國有大喪者止宗廟之祭而不止郊祭不敢以父母之喪廢事天地之禮也父母之喪至哀痛悲苦也尚不敢廢郊也孰足以廢郊者故其在禮亦曰喪者不祭惟祭天爲越喪而

行事夫古之畏敬天而重天郊如此甚也今羣臣學士不探察
曰萬民多貧或頗饑寒足郊乎是何言之誤天子父母事天而
子孫畜萬民民未徧飽無用祭天者是猶子孫未得食無用食
父母也言莫逆於是是其去禮遠也先貴而後賤孰貴於天子
天子號天之子也奈何受爲天子之號而無天子之禮天子不
可不祭天也無異人之不可不食父爲人子而不事父者天下
莫能以爲可今爲天之子而不事天何以異是是故天子每至
歲首必先郊祭以享天乃敢爲地行子禮也每將興師必先郊
祭以告天乃敢征伐行子之道也文王受天命而王天下先郊
乃敢行事而興師伐崇其詩曰芃芃棫樸薪之槱之濟濟辟王
左右趣之濟濟辟王左右奉璋奉璋莪莪髦士攸宜此郊辭也
其下曰淠彼涇舟烝徒檝之周王于邁六師及之此伐辭也其

下曰文王受命有此武功既伐于崇作邑于豐以此辭者見文王受命則郊郊乃伐崇伐崇之時何遽平乎已受命而王必先祭天乃行王事文王之伐崇是也詩云濟濟辟王左右奉璋奉璋莪莪髦士攸宜此文王之郊也其下之辭曰淠彼涇舟烝徒檝之周王于邁六師及之此文王之伐崇也上言奉璋下言伐崇以是見文王之先郊而後伐也文王受命則郊郊乃伐崇崇國之民方困於暴亂之君未得被聖人德澤而文王已郊矣安在德澤未洽者不可以郊乎郊祭

天若不予是家者是家安得立爲天子立爲天子者天予是家天予是家者天使是家天使是家者是天之所予也天之所使也天已予之天已使之其間不可以接天何哉故春秋凡譏郊未嘗譏君德不成于郊也及不郊而祭山川失祭之敘逆於禮

故必譏之以此觀之不祭天者乃不可祭小神也郊因先卜不吉不敢郊百神之祭不卜而郊卜郊祭最大也春秋譏喪祭不譏喪郊郊不辟喪喪尚不辟況他物郊祝曰皇皇上天照臨下土集地之靈降甘風雨庶物羣生各得其所靡今靡古維予一人某敬拜皇天之祜夫不自爲言而爲庶物羣生言以人心庶天無尤也天無尤焉而辭順恭宜可喜也右郊祝九句九句者陽數也郊祀

董子之言郊事至詳明其義皆以事天未嘗以事地其時皆以正月上辛所謂冬至未嘗以夏至郊止一更無北郊況東西郊五郊乎天爲百神之大君故獨尊天無與比偶者可證周禮之謬僞

封禪

封於泰山禪於梁父王道

北祭泰山同上

故封泰山之上禪梁甫之下易姓而王德如堯舜者七十二人

堯舜湯武

封禪於尙位三代改制

封壇於下位

封壇於左位並同上

雩耕蠶附

大雩者何旱祭也難者曰大旱雩祭而請雨大水鳴鼓而攻社天地之所爲陰陽之所起也或請焉或怒焉者何曰大旱者陽滅陰也陽滅陰者尊壓卑也固其義也雖太甚拜請之而已無敢有加也大水者陰滅陽也陰滅陽者卑勝尊也日食亦然皆

下犯上以賤傷貴者逆節也故鳴鼓而攻之朱絲而脅之為其不義也此亦春秋之不畏強禦也故變天地之位正陰陽之序直行其道而不忘其難義之至也精華

春旱求雨令縣邑以水日令民禱社稷山川家人祀戶無伐名木無斬山林暴巫聚尪八日於邑東門之外為四通之壇方八尺植蒼繒八其神共工祭之以生魚八元酒具清酒膊脯擇巫之清潔辯言利辭者以為祝祝齋三日服蒼衣先再拜乃跪陳陳已復再拜乃起祝曰昊天生五穀以養人今五穀病旱恐不成實敬進清酒膊脯再拜請雨雨幸大澍奉牲禱以甲乙日為大蒼龍一長八丈居中央為小龍七各長四丈於東方皆東向其間相去八尺小童八人皆齋三日服青衣而舞之田嗇夫亦齋三日服青衣而立之鑿社通之於閭外之溝取五蝦蟇錯置

祔之中池方八尺深二尺置水蝦蟆焉具清酒膊脯祝齋三日服蒼衣拜跪陳祝如初取三歲雄雞三歲豭豬皆燔之於四通神宇令民闔邑里南門置水其外開里北門具老豭豬一置之於里北門之外市中亦置一豭豬聞彼鼓聲皆燒豭豬尾取死人骨埋之開山淵積薪而燔之決通道橋之壅塞不行者決瀆之幸而得雨以豬一酒鹽黍財足以茅為席毋斷求雨

夏求雨令縣邑以水日家人祀竈無舉土功更大浚井暴釜於壇杵臼於術七日為四通之壇於邑南門之外方七尺植赤繒七其神蚩尤祭之以赤雄雞七元酒具清酒膊脯祝齋三日服赤衣拜跪陳祝如春辭以丙丁日為大赤龍一長七丈居中央又為小龍六各長三丈五尺於南方皆南鄉其間相去七尺壯者七人皆齋三日服赤衣而舞之司空嗇夫亦齋三日服赤衣

而立之鑿社而通之閭外之溝取五蝦蟇錯置里社之中池方
七尺深一尺酒脯祝齋衣赤衣拜跪陳祝如初取三歲雄雞猳
猪燔之四通神宇開陰閉陽如春也
季夏禱山陵以助之令縣邑十日壹徙市於邑南門之外五日
禁男子無得行入市家人祀中霤無興土功聚巫市傍爲之結
蓋爲四通之壇於中央植黃繒五其神后稷祭之以母䐗五元
酒具淸酒膊脯令各爲祝齋三日衣黃衣皆如春祠以戊已日
爲大黃龍一長五丈居中央又爲小龍四各長二丈五尺於南
方皆南鄉其間相去五尺丈夫五人齋三日服黃衣而舞之老
者五人亦齋三日衣黃衣而立之亦通社中於閭外之溝取蝦
蟇池方五尺深一尺他皆如前
秋暴巫尪至九日無舉火事煎金器家人祀門爲四通之壇於

邑西門之外方九尺植白繒九其神太昊祭之以桐木魚九元酒具清酒膊脯衣白衣他如春以庚辛日爲大白龍一長九丈居中央爲小龍八各長四丈五尺於西方皆西鄉其間相去九尺鰥者九人皆齋三日服白衣而舞之司馬亦齋三日衣白衣而立之蝦蟇池方九尺深一尺他皆如前

冬儛龍六日禱於名山以助之家人祀井毋壅水爲四通之壇於邑北門之外市六尺植黑繒六其神元冥祭之以黑狗子六元酒具清酒膊脯祝齋三日衣黑衣祝禮如春以壬癸日爲大黑龍一長六丈居中央爲小龍五各長三丈於北方皆北鄉其間相去六尺老者六人皆齋三日衣黑衣而舞之尉亦齋三日服黑衣而立之蝦蟇池如春四時皆以水爲龍必取潔土爲之結蓋龍成而發之

四時皆以庚子之日命吏民夫婦皆偶處凡求雨之大體丈夫欲藏匿女子欲和而樂上並同

雨太多令縣邑以土日塞水瀆絕道蓋井禁婦人不得行入市令縣鄉里皆掃社下縣邑若丞令吏嗇夫三人以上祝一人鄉嗇夫若吏三人以上祝一人里正父老三人以上祝一人皆齋三日各衣時衣具豚一黍鹽美酒財足祭社擊鼓三日而祝先再拜乃跪陳陳已復再拜乃起祝曰嗟天生五穀以養人今淫雨太多五穀不和敬進肥牲清酒以請社靈幸爲止雨除民所苦無使陰滅陽陰滅陽不順於天天之常意在於利人人願止雨敢告於社鼓而無歌至罷乃止凡止雨之大體女子欲其藏而匿也丈夫欲其和而樂也開陽而閉陰闔水而開火以朱絲縈社十周衣朱衣赤幘言罷二十一年甲申朔丙午江都相仲

舒告內史中尉陰雨太久恐傷五穀趣止雨止雨之禮廢陰起陽書十七縣八十離鄉及都官吏千石以下夫婦在官者咸遣歸女子不得至市市無詣井蓋之勿令泄鼓用牲于社祝之曰雨以太多五穀不和敬進肥牲以請社靈社靈幸爲止雨除民所苦無使陰滅陽陰滅陽不順於天天意常在於利民願止雨敢告鼓用牲于社皆壹以辛亥之日書到即起縣社令長若丞尉官長各城邑社嗇夫里吏正里人皆出至於社下餔而罷三日而止未至三日天大星亦止止雨

秉耒躬耕采桑親蠶立元神

星

星莫大於大辰北斗常星北斗常星部星三百衛星三千大火二十六星伐十三星北斗七星常星九辭字誤二十八宿多者宿

二十八九奉本

正朝夕者視北辰深察名號

宗廟

宗祀先帝以祖配天天下諸侯各以其職來祭貢土地所有先以入宗廟端冕盛服而後見先德恩之報奉元之應也王道

宗廟祭祀之始五行順逆

故謂其弟曰我宗廟之主不可以不死也汝以鄰往服罪於齊請以立五廟使我先君歲時有所依歸玉英

亂其羣祖以逆先公玉杯

禘祫

禘祫昭穆之序五行順逆

時享薦新附

敬四時之祭五行順逆

古者歲四祭四祭者因四時之所生孰而祭其先祖父母也故春曰礿夏曰禘秋曰嘗冬曰蒸原本春曰祠夏曰礿今依宋本改正其他條亦作春祠夏礿者率皆古文家依周禮改之據禮記王制祭義無不作春曰礿夏曰禘秋曰嘗冬曰蒸禘嘗無不對舉也此言不失其時以奉祀先祖也過時不祭則失為人子之道也祠者以正月始食韭也礿者以四月食麥也嘗者以七月嘗黍稷也蒸者以十月進初稻也此天之經也地之義也孝子孝婦緣天之時因地之利地之菜茹瓜果藝之稻麥黍稷菜生穀熟永思吉日供具祭物齋戒沐浴潔清致敬祀其先祖父母孝子孝婦不使時過已處之以愛敬行之以恭讓亦殆免於罪矣四祭

五穀食物之性也天之所以為人賜也宗廟上四時之所成受賜而薦之宗廟敬之性也於祭之而宜矣宗廟之祭物之厚無

上也春上豆實夏上尊實秋上朹實冬上敦實豆實韭也春之所始生也尊實麷也夏之所受初也朹實黍也秋之所先成也敦實稻也冬之所畢熟也（祭義）

奉四時所受於天者而上之爲上祭貴天賜且尊宗廟也孔子受君賜則以祭況受天賜乎一年之中天賜四至至則上之此宗廟所以歲四祭也故君子未嘗不食新新天賜至必先薦之乃取食之尊天敬宗廟之心也尊天美義也敬宗廟大禮也聖人之所謹也不多而欲潔清不貪數而欲恭敬（同上）

燕饗

天子服有文章夫人不得以燕饗公以廟將軍大夫不得以燕饗以廟（服制）

朝

晉文不予致王而朝楚莊王

會盟

會王世子譏微也王道

大夫盟于澶淵刺大夫之專政也諸侯會同賢爲主賢賢也春秋紀纖芥之失反之王道追古貴信結言而已不至用牲盟而後成約故曰齊侯衛侯胥命于蒲傳曰古者不盟結言而退同上

弔唁

天王使宰咺來歸惠公仲子之賵刺不及事也王道

武氏毛伯求賻金同上

戰伐

楚莊弗予專殺而討楚莊王

難者曰春秋之書戰伐也有惡有善也惡詐擊而善偏戰恥伐

喪而榮復讎奈何以春秋爲無義戰而盡惡之也曰凡春秋之記災異也雖畝有數莖猶謂之無麥苗也今天下之大三百年之久戰攻侵伐不可勝數而復讎者有二焉是何以異於無麥苗之有數莖哉不足以難之故謂之無義戰也以無義戰爲不可則無麥苗亦不可也以無麥苗爲可則無義戰亦可矣若春秋之於偏戰也善其偏不善其戰有以效其然也春秋愛人而戰者殺人君子奚說善殺其所愛哉故春秋之於偏戰也猶其於諸夏也引之魯則謂之外引之夷狄則謂之內比之詐戰則謂之義比之不戰則謂之不義故盟不如不盟然而有所謂善盟戰不如不戰然而有所謂善戰不義之中有義義之中有不義辭不能及皆在於指非精心達思者其孰能知之竹林

春秋曰鄭伐許奚惡於鄭而夷狄之也曰衛侯遬卒鄭師侵之

是伐喪也鄭與諸侯盟于蜀以盟而歸諸侯於是伐許是叛盟也伐喪無義叛盟無信無信無義故大惡之同上

天王伐鄭譏親也王道

田狩

獵禽獸者號一曰田田之散名春苗秋蒐冬狩深察名號

故動眾興師必應義理出則祠兵入則振旅以閑習之因於彼狩五行順逆

刑罰

誅受令恩衛葆以正囹圄之平也王道

誅犯始者省刑絕惡疾始也同上

法不刑有懷任新產者是月不殺聽朔廢刑發德具存二王之後也三代改制

法不刑有身懷任是日不殺聽朔廢刑發德具存二王之後也

法不刑有身重懷藏以養微是月不殺聽朔廢刑發德具存二王之後也

正刑多隱親慼多諱盧注慼蓋古戚字

正刑多隱親慼多赦

正刑天法

正刑文公並同上

此刑之三統也

梃羣禁出輕繫去稽留除桎梏五行順逆

董氏學卷三

弟子梁應騮陳國鏞初校
弟子王覺任康同懃覆校

春秋董氏學卷四

南海康有爲廣夏學一名祖詒

春秋口說第四

春秋文成數萬其指數千今春秋經文萬九千字皆會盟征伐之言誅亂臣賊子黜諸侯貶大夫尊王攘夷寥寥數指外安所得數千之指哉孟子曰其事則齊桓晉文其文則史其義則丘竊取之以孟子之說春秋重義不重經文矣凡傳記稱引詩書皆引經文獨至春秋則漢人所稱皆引春秋之義不引經文此是古今學者一非常怪事而二千年來乃未嘗留意闕束傳文獨抱遺經豈知遺經者其文則史於孔子之義無與買櫝還珠而欲求通經以得孔子大道豈非南轅而北其轍入沙漠而不求鄉導涉大海而不求舟師其迷罔而思反固也於是悍者斥爲斷爛之報廢之學官虛者不能解

則闇置不道以四書別標宗旨然而春秋亡孔子道沒矣漢書藝文志劉歆之作也曰孔子褒貶當世大人威權有勢力者不敢筆之於書口授弟子蓋春秋之義不在經文而在口說雖作僞之人不能易其辭其今學相傳者勿論也（詳春秋義在口說不在經文考）自劉歆創僞古文乃謂信口說而背傳記務攻二傳師說以行其僞古之學於是口說遂微原春秋所以絕滅而孔子之道所以不著豈不在是哉董子爲春秋宗所發新王改制之非常異義及諸微言大義皆出經文外又出公羊外然而以孟荀命世亞聖猶未傳之而董子乃知之又公羊家不道穀梁故邵公作穀梁廢疾而董子說多與之同又與何氏所傳胡毋生義例同此無他皆七十子後學師師相傳之口說也公羊家早出於戰國（公羊不出於漢時別有考）猶有諱避不敢宣

露至董子乃敢盡發之其春秋口說別有專書今擇錄董子
之傳口說者以著微言之不絕焉
桓之志無王故不書王其志欲立故書郎位書郎位者言其弒
君兄也不書王者以言其背天子是故隱不言正桓不言王者
皆從其志以見其事也從賢之志以達其義從不肖之志以著
其惡由此觀之春秋之所善善也所不善亦不善也不可不兩
省也玉英
穀梁桓元年傳桓無王其日王何也謹始也其日無王何也
桓弟弒兄臣弒君天子不能定諸侯不能救百姓不能去以
爲無王之道遂可以至焉爾
桓三年何注無王者以見桓公無王而行也
無王義無傳與穀梁何注同

至於鄫取乎莒以之爲同居目曰莒人滅鄫此不在可以然之
域也（玉英）

穀梁襄六年傳莒人滅鄫非滅也立異姓以莅祭祀滅亡之
道也

襄六年何注莒稱人者莒公子鄫外孫稱人者從莒無大夫
也言滅者以異姓爲後莒人當坐滅也不月者取後于莒非
兵滅

右董子口說與穀梁何注同出公羊外

人於天也以道受命其於人以言受命不若於道者天絕之不
若於言者人絕之臣子大受命於君（順命）

穀梁莊元年傳人之於天也以道受命於人也以言受命不
若於道者天絕之也不若於言者人絕之也臣子大受命

父者子之天也天者父之天也無天而生未之有也天者萬物之祖萬物非天不生獨陰不生獨陽不生陰陽與天地參然後生故曰父之子也可尊母之子也可卑尊者取尊號卑者取卑號順命

穀梁莊三年傳獨陰不生獨陽不生獨天不生三合然後生故曰母之子也可天之子也可尊者取尊稱焉卑者取卑稱焉

穀梁桓十六年傳朔之名惡也天子召而不往也

召衞侯不能致王道

深察王號之大意其中有五科皇科方科匡科黃科往科合此五科以一言謂之王王者皇也王者方也王者匡也王者黃也王者往也是故王意不普大皇則道不能正直而方道不能正

直而方則德不能匡運周徧德不匡運周徧則美不能黃美不
能黃則四方不能往四方不能往則不全於王深察名號
穀梁莊三年傳其曰王者民之所歸往也
故春秋應天作新王之事時正黑統王魯尚黑絀夏親周故宋三代改制
穀梁桓二年傳孔子故宋也
右董子口說與穀梁同出公羊外
齊頃公親齊桓公之孫國固廣大而地勢便利矣又得霸王之
餘尊而志加於諸侯以此之故難使會同而易使驕奢卽位九
年未嘗肯一與會同之事有怒魯衞之志而不從諸侯于清邱
斷道春往伐魯入其北郊顧返伐衞敗之新築當是時也方乘
勝而志廣大國往聘慢而弗敬其使者晉魯俱怒內悉其眾外

得黨與衛曹四國相輔大困之鞌獲齊頃公斮逄丑父深本頃
公之所以大辱身幾亡國爲天下笑其端乃從懾魯勝衛起伐
魯魯不敢出擊衛大敗之因得氣而無敵國以興患也故曰得
志有喜不可不戒此其效也自是後頃公恐懼不聽聲樂不飲
酒食肉內愛百姓問疾弔喪外敬諸侯從會與盟卒終其身家
國安寧是福之本生於憂而禍起於喜也竹林

說苑敬慎篇夫福生於隱約而禍生於得意齊頃公是也齊
頃公桓公之子孫也地廣民眾兵強國富又得霸者之餘尊
驕蹇怠傲未嘗肯出會同諸侯乃興師伐魯反敗衛師於新
築輕小嫚大之行甚俄而晉魯往聘以使者戲二國怒歸求
黨與助得衛及曹四國相輔期戰於鞌大敗齊師獲齊頃公
斬逄丑父於是戄然大恐賴逄丑父之欺奔逃得歸弔死問

疾七年不飲酒不食肉外金石絲竹之聲遠婦女之色出會
與盟卑下諸侯國家內得行義聲問震乎諸侯所亡之地弗
求而自爲來尊寵不武而得之可謂能詘免變化以致之故
福生於隱約而禍生於得意此得失之効也
公觀魚于棠何惡也凡人之性莫不善義然而不能義者利敗
之也故君子終日言不及利欲以勿言愧之而已愧之以塞其
源也夫處位動風化者徒言利之名爾猶惡之況求利乎玉英
說苑貴德篇凡人之性莫不欲善其德然而不能爲善德者
利敗之也故君子羞言利名言利名尙羞之況居而求利者
也
又故爲人君者明貴德而賤利以道下下之爲惡尙不可止
今隱公貪利而身自漁濟上而行八佾以此化於國人國人

安得不解於義解於義而縱其欲則災害起而臣下僻矣
難者曰大旱雩祭而請雨大水鳴鼓而攻社天地之所爲陰陽
之所起也或請焉或怒焉者何曰大旱者陽滅陰也陽滅陰者
尊壓卑也固其義也雖太甚拜請之而已無敢有加也大水者
陰滅陽也陰滅陽者卑勝尊也日食亦然皆下犯上以賤傷貴
者逆節也故鳴鼓而攻之朱絲而脅之爲其不義也此亦春秋
之不畏強禦也故變天地之位正陰陽之序直行其道而不忘
其難義之至也是故脅嚴社而不爲不敬靈出天王而不爲不
尊上辭父之命而不爲不承親絕母之屬而不爲不孝慈義矣
夫精華

說苑辨物篇夫水旱俱天下陰陽所爲也大旱則雩祭而請
雨大水則鳴鼓而劫社何也曰陽者陰之長也其在鳥則雄

爲陽而雌爲陰其在獸則牡爲陽而牝爲陰其在民則夫爲陽而婦爲陰其在家則父爲陽而子爲陰其在國則君爲陽而臣爲陰故陽貴而陰賤陽尊而陰卑天之道也今大旱者陽氣太盛以厭於陰陰厭陽固陽其塡也惟塡厭之太甚使陰不能起也亦雩祭拜請而已無敢加也至於大水及日蝕者皆陰氣太盛而上滅陽精以賤乘貴以卑陵尊大逆不義故鳴鼓而懾之朱絲縈而劫之由此觀之春秋乃正天下之位徵陰陽之失直責逆者不避其難是亦春秋之不畏強禦也故劫嚴社而不爲驚靈出天王而不爲不尊上辭蒯聵之命而不爲不聽其父絕文姜之屬而不爲不愛其母其義之盡耶其義之盡耶

難者曰春秋之法大夫無遂事又曰出境有可以安社稷利國

家者則專之可也又曰大夫以君命出進退在大夫也又曰聞喪徐行而不反也夫既曰無遂事矣又曰專之可也既曰進退在大夫矣又曰徐行而不反也若相悖然是何謂也曰四者各有所處得其處則皆是也失其處則皆非也春秋固有常義又有應變無遂事者謂生平安寧也專之可也者謂救危除患也進退在大夫者謂將率用兵也徐行不反者謂不以親害尊不以私妨公也此之謂將得其私知其指故公子結受命往媵陳人之婦于鄄道生事從齊桓盟春秋弗非以為救莊公之危公子遂受命使京師道生事之晉春秋非之以為是時僖公安寧無危故有危而不專救謂之不忠無危而擅生事是卑君也故此二臣俱生事春秋有是有非其義然也精華

說苑奉使篇春秋之辭有相反者四既曰大夫無遂事不得

擅生事矣又曰出境可以安社稷利國家者則專之可也既曰大夫以君命出進退在大夫矣又曰以君命出聞喪徐行而不反者何也曰此四者各止其科不轉移也不得擅生事者謂平生常經也專之可者謂救危除患也進退在大夫者謂將帥用兵也徐行而不反者謂出使道聞君親之喪也公子子結擅生事春秋不非以爲救莊公危也公子遂擅生事春秋譏之以爲僖公無危事也故君有危而不專救是不忠也君無危而擅生事是不臣也傳曰詩無通故易無通吉春秋無通義此之謂也

獻八佾諱八言六王道

說苑貴德篇今隱公貪利而身自漁濟上而行八佾以此化於國人國人安得不解於義解於義而縱其欲則災害起而

臣下僭矣

經言六羽耳董子何以知爲八佾蓋口說相傳也不然何

說苑亦同之耶

春秋紀纖芥之失反之王道王道

說苑至公篇春秋采毫毛之善貶纖介之惡人事浹王道備

故子貢閔子公肩子言其切而爲國家賢也其爲切而至於弑

君亡國奔走不得保社稷其所以然是皆不明於道不覽於春

秋也故衞子夏言有國家者不可不學春秋不學春秋則無以

見前後旁側之危則不知國之大柄君之重任也俞序

說苑建本篇公扈子曰有國者不可以不學春秋生而尊者

驕生而富者傲生而富貴又無鑑而自得者鮮矣春秋國之

鑑也春秋之中弑君三十六亡國五十二諸侯奔走不保其

社稷者甚衆未有不先見而後從之者也

厤各法而正色逆數三而復_{三代改制}

故王者有不易者有再而復者有三而復者有四而復者有五而復者有九而復者

王者以制一商一夏一質一文商質者主天夏文者主地春秋者主人故三等也_{並同上}

說苑修文篇商者常也常者質質主天夏者大也大者文也文主地故王者一商一夏再而復者也正色三而復者也味尚甘聲尚宮一而復者故三王術如循環如矩之三雜規之三雜周則又始窮則反本也

王者制官三公九卿二十七大夫八十一元士凡百二十人而列臣備矣_{官制象天}

是故天子自參以三公三公自參以九卿九卿自參以三大夫
三大夫自參以三士同上

說苑臣術篇湯問伊尹曰古者所以立三公九卿大夫列士
者何也伊尹對曰三公者所以參五事也九卿者所以參三
公也大夫者所以參九卿也列士者所以參大夫也故參而
有參是謂事宗事宗不失外內若一

右董子口說與劉向同出公羊外

春秋曰鄭伐許奚惡於鄭而夷狄之也竹林

成三年何注謂之鄭者惡鄭襄公與楚同心數侵伐諸夏自
此之後中國盟會無已兵革數起夷狄比周爲黨故夷狄之

與何注同經傳無義知爲口說

問者曰是君死其子未踰年有稱伯不子法辭其罪何竹林

成四年何注未踰年君稱伯者時樂成君位親自伐許故如

其意以著其惡

譏莒子號謂之人避隱公也玉英

隱八年何注實莒子也言莒子則嫌公行微不肖諸侯不肯

隨從公盟而公反隨從之故使稱人則隨從公不疑矣

內出言如王道

隱十一年何注春秋王魯王者無朝諸侯之義故內適外言

如外適內言朝聘所以別外尊內也

故春秋應天作新王之事時正黑統王魯尙黑絀夏親周故宋

三代改制

春秋曰杞伯來朝王者之後稱公杞何以稱伯春秋上黜夏下

存周以春秋當新王

春秋作新王之事變周之制當正黑統而殷周爲王者之後絀夏改號禹謂之帝錄其後以小國故曰絀夏存周以春秋當新王不以杞侯弗同王者之後也稱子又稱伯何見殊之小國也存湯之後於宋以方百里爵稱公皆使服其服行其禮樂稱先王客而朝春秋作新王之事變周之制當正黑統而殷周爲王者之後上並同

隱元年何注春秋託新王受命於魯

又春秋王魯託隱公以爲始受命王

莊二十七年何注杞夏后不稱公者春秋黜杞新周而故宋以春秋當新王

宣十六年何注孔子以春秋當新王上黜杞下新周而故宋

僖二十三年何注始見稱伯卒獨稱子者微弱爲徐莒所脅

不能死位春秋伯子男一也辭無所貶貶稱子者春秋黜杞不明故以其一等貶之明本非伯乃公也

隱三年何注宋稱公者殷後也王者封二王後地方百里爵稱公客待之而不臣也詩云有客宿宿有客信信是也

王魯新周故宋黜夏此非常可怪之論董子屢發之與何休同其說蓋由口口相傳之故

春秋當新王者奈何曰王者之法必正號絀王謂之帝封其後以小國使奉祀之下存二王之後以大國使服其服行其禮樂稱客而朝故同時稱帝者五稱王者三所以昭五端通三統也

三代改制

隱三年何注王者存二王之後使統其正朔服其服色行其禮樂所以尊先聖通三統師法之義恭讓之禮於是可得而

觀之
又王者封二王後地方百里爵稱公客待之而不臣也詩云
有客宿宿有客信信是也
承周文而反之質一指也（十指）
隱七年何注春秋變周之文從殷之質
天王伐鄭譏親也（王道）
桓五年何注稱人者刺王者也天下之君海內之主當秉綱
撮要而親自用兵故見其微弱僅能從微者不能從諸侯猶
莒稱人則從不疑也
祭公來逆王后譏失禮也（王道）
桓八年何注時王者遣祭公來使魯爲媒可則因用魯往迎
之不復成禮疾王者不重妃匹逆天下之母若迎婢妾將謂

海內何哉故譏之

遣子突征衛不能絕王道

莊六年何注刺王者朔在岱陰齊時一使可致一夫可誅而緩令交連五國之兵伐天子所立還以自納王遣貴子突卒不能救遂爲天下笑

天子不臣母后之黨王道

桓二年經紀侯來朝何注稱侯者天子將娶於杞與之奉宗廟傳之無窮重莫大焉故封之百里月者明當尊而不臣所以廣孝敬

誅受令恩衞葆以正囹圄之平也王道

莊六年何注時朔得國後遣人賂齊齊侯推功歸魯使衞人持寶來雖本非義賂齊當以讓除惡故善起其事主書者極

惡魯犯命復貪利也

言圍成甲午祠兵以別迫脅之罪誅意之法也王道

莊八年經夏師及齊師圍成成降于齊師何注言及者起魯實欲滅之

惡詐擊而善偏戰竹林

僖元年傳季子待之以偏戰何注傳云爾者善季子忿不加暴得君子之道

志爲質物爲文文著於質質不居文文安施質質文兩備然後其禮成文質偏行不得有我爾之名俱不能備而偏行之寍有質而無文雖弗予能禮尚少善之介葛盧來是也玉杯

僖二十九年何注不能升降揖讓也介者國也葛盧者名也進稱名者能慕中國朝賢君明當扶勉以禮義

唯聖人能屬萬物於一而繫之元也重政

隱元年何注故春秋以元之氣正天之端以天之端正王之政以王之政正諸侯之卽位以諸侯之卽位正竟內之治諸侯不上奉王之政則不得卽位故先言正月而後言卽位政不由王出則不得爲政故先言王而後言正月也王者不承天以制號令則無法故先言春而後言王天不深正其元則不能成其化故先言元而後言春五者同日竝見相須成體乃天人之大本萬物之所繫不可不察也

是以春秋變一謂之元元猶原也其義以隨天地終始也故人唯有終始也而生不必應四時之變故元者爲萬物之本而人之元在焉安在乎乃在乎天地之前重政

隱元年何注變一爲元元者氣也無形以起有形以分造起

天地天地之始也

又明王者當繼天奉元養成萬物

是故春秋之道以元之深正天之端以天之端正王之政以王之政正諸侯之位五者俱正而化大行二端

隱元年何注故春秋以元之氣正天之端以天之端正王之政以王之政正諸侯之卽位以諸侯之卽位正竟內之治諸侯不上奉王之政則不得卽位故先言正月而後言卽位政不由王出則不得爲政故先言王而後言正月也王者不承天以制號令則無法故先言春而後言王天不深正其元則不能成其化故先言元而後言春五者同日竝見相須成體乃天人之大本萬物之所繫不可不察也

是故孔子立新王之道明其貴志以反和見其好誠以滅僞其

有繼周之弊故若此也玉杯

隱元年何注春秋託新王受命於魯

今所謂新王必改制者非改其道非變其理受命於天易姓更王非繼前王而王也若一因前制修故業而無有所改是與繼前王而王者無以別受命之君天之所大顯也事父者承意事君者儀志事天亦然今天大顯已物襲所代而率與同則不顯不明非天志故必徙居處更稱號改正朔易服色者無他焉不敢不順天志而明自顯也楚莊王

春秋曰王正月傳曰王者孰謂謂文王也曷爲先言王而後言正月王正月也何以謂之王正月曰王者必受命而後王王者必改正朔易服色制禮樂一統於天下所以明易姓非繼仁通以已受之於天也王者受命而王制此月以應變故作科以奉

天地故謂之王正月也三代改制

隱元年何注以上繫於王知王者受命布政施教所制月也

王者受命必徙居處改正朔易服色殊徽號變犧牲異器械

明受之於天不受之於人

三正以黑統初正日月朔于營室斗建寅天統氣始通化物物見萌達其色黑故朝正服黑首服藻黑正路輿質黑馬黑大節綬幘尚黑旗黑大寶玉黑郊牲黑犧牲角卵冠于阼昏禮逆于庭喪禮殯于東階之上祭牲黑牡薦尚肝樂器黑質法不刑有懷任新產者是月不殺聽朔廢刑發德具存二王之後也親赤統故日分平明平明朝正三代改制

隱元年何注夏以斗建寅之月為正平旦為朔法物見色尚黑

正白統柰何曰正白統者厤正日月朔于虛斗建丑天統氣始
蛻化物物始芽其色白故朝正服白首服藻白正路輿質白馬
白大節綬幘尚白旗白大寶玉白郊牲白犠牲角繭冠于堂昏
禮逆于堂喪禮殯于楹柱之間祭牲白牡薦尚肺樂器白質法
不刑有身懷任是日不殺聽朔廢刑發德具存二王之後也親
黑統故日分鳴晨鳴晨朝正三代改制
隱元年何注殷以斗建丑之月爲正雞鳴爲朔法物牙色尚
白
正赤統柰何曰正赤統者盧注此下有脫當云厤正日月朔于
牽牛斗建子天統氣始施化物之始
動其色赤故朝正服赤首服藻赤正路輿質
赤馬赤補四十字據尚大傳及白虎通之文
大節綬幘尚赤旗
赤大寶玉赤郊牲騂犧牲角栗冠于房昏禮逆于戶喪禮殯于
西階之上祭牲騂牡薦尚心樂器赤質法不刑有身重懷藏以

養微是月不殺聽朔廢刑發德具存二王之後也親白統故日分夜半夜半朝正三代改制

隱元年何注周以斗建子之月爲正夜半爲朔法物萌色尙赤

春秋鄭忽何以名春秋曰伯子男一也辭無所貶何以爲一曰周爵五等春秋三等春秋何三等曰王者以制一商一夏一質一文商質者主天夏文者主地春秋者主人故三等也三代改制

桓十一年何注春秋改周之文從殷之質合伯子男爲一一辭無所貶皆從子夷狄進爵稱子是也

主天法商而王其道佚陽親親而多仁樸故立嗣予子篤母弟三代改制

隱七年何注分別同母者春秋變周之文從殷之質質家親

親明當親厚異於羣公子也

主地法夏而王其道進陰尊尊而多義節故立嗣與孫篤世子三代改制

隱元年何注嫡子有孫而死質家親親先立弟文家尊尊先立孫

妾以子貴三代改制

隱元年何注妾子立則母得爲夫人夫人成風是也

方里而一井一井而九百畝而立口方里八家百畝以食五口爵國

宣十五年何注是故聖人制井田之法而口分之一夫一婦受田百畝以養父母妻子五口爲一家

右董子口說與何注同出公羊外

潞子離狄而歸黨以得亡春秋謂之子以領其意觀德

漢書功臣表春秋列潞子之爵許其慕諸夏也按潞子慕諸夏而稱爵之稱子是孔子進之公羊謂足以亡失孔子意

右董子曰說與漢儒所引同出公羊外

董氏學卷四

弟子梁應騮陳國鏞初校
弟子王覺任康同懃覆校

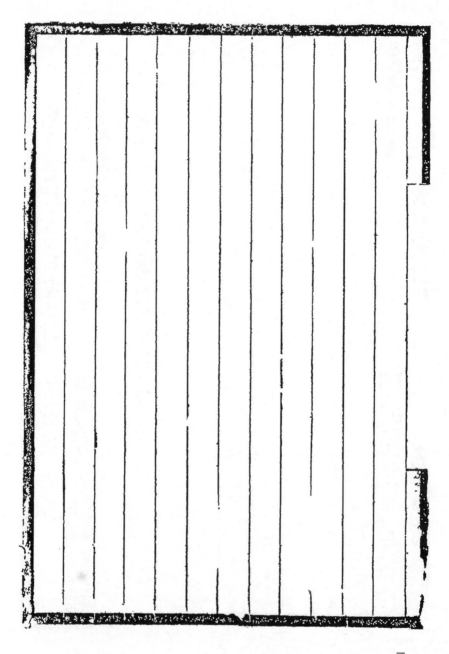

春秋董氏學卷五

南海康有爲廣厦學 一名祖詒

春秋改制第五

孔子春秋代天發意

受命改制

春秋作新王

王魯親周故宋附

改制三統

文質

三王五帝九皇六十四民

九皇五帝

春秋一書自劉歆僞椙斫書以來微言滅盡至永嘉之後杜

服爭長公穀二家有書無師於是啖助趙匡東閣三傳而專

求之經流及孫明復蕭楚胡安國乃僅發尊王攘夷之義於
春秋其指數千關如也趙汸作春秋金鎖匙卒千餘年鑿枘
而不能入名雖爲經僅以空名建諸侯之上其實房陵之幽
亡之久矣王安石以爲斷爛朝報實是定評若如僞左之說
據事直書謂作春秋而亂臣賊子懼然鄭伯髡頑卒大夫弒
之而不書楚棄疾弒其君虔而春秋書公子比是春秋顚倒
是非作之而亂臣賊子喜矣宜劉知幾有疑經惑古之說也
朱子謂春秋不可解夫不知改制之義安能解哉聖人舉動
與賢人殊適道學立未可與權言不必信惟義所在況受天
顯命爲制作主當仁不讓聖人畏天夫豈敢辭故春秋專爲
改制而作然何邵公雖存此說亦難徵信幸有董子之說發
明此義俾大孔會典大孔通禮大孔律例於二千年之後猶

得著其崖畧董子醕儒豈能誕謬若是非口傳聖說何得有此非常異義耶此眞春秋之金鎻匙得之可以入春秋者夫春秋微言闇絕久矣今忽使孔子創教大義如日中天皆賴此推出然則此篇爲羣書之瓌寶過於天球河圖億萬無量數矣王仲任曰孔子之文傳於仲舒嗚呼使董子而愚人也則可使董子而少有知也則是豈不可留意乎

孔子春秋代天發意

名號異聲而同本皆鳴號而達天意者也天不言使人發其意弗爲使人行其中名則聖人所發天意不可不深觀也（深察名號）知省其所起則見天數之所始見天數之所始則知貴賤逆順所在知貴賤順逆所在則天地之情著聖人之寶出矣（陽尊陰卑）問聖人者問其所爲而無問其所以爲也問其所以爲終弗能

見不如勿問問爲而爲之所不爲而勿爲是與聖人同實也何過之有（郊語）

楊子曰聖爲天口孔子之創制立義皆起自天數蓋天不能言使孔子代發之故孔子之言非孔子言也天之言也孔子之制與義非孔子也天之制與義也天之制與義游夏自不能贊一辭餘子安能窺測但觀其制作服從而已

受命改制

有非力之所能致而自致者西狩獲麟受命之符是也然後託乎春秋正不正之間而明改制之義一統乎天子而加憂於天下之憂也務除天下所患而欲以上通五帝下極三王以通百王之道而隨天之終始博得失之效而攷命象之爲極理以盡情性之宜則天容遂矣（符瑞）

是故大改制於初所以明天命也楚莊王

孔子受命制作以變衰周之弊改定新王之制以垂後世空言無徵故託之春秋故春秋一書專明改制譬猶大孔會典云爾憂天下之憂而除天下之患聖人之心也惡天下之分析爭亂故一統之以通百王隨天終始而博得失盡性情改制之道如此

春秋曰王正月傳曰王者孰謂謂文王也曷爲先言王而後言正月王正月也何以謂之王正月曰王者必受命而後王王者必改正朔易服色制禮樂一統於天下所以明易姓非繼仁通以己受之於天也王者受命而王制此月以應變故作科以奉天地故謂之王正月也三代改制

論語文王既沒文不在茲孔子已自任之王愆期謂文王者

孔子也最得其本人祇知孔子爲素王不知孔子爲文王也
或文或質孔子兼之王者天下歸往之謂聖人天下所歸往
非王而何猶佛稱爲法王云爾
王者必改制自僻者得此以爲辭曰古苟可循先王之道何莫
相因世迷是聞以疑正道而信邪言甚可患也答之曰人有聞
諸侯之君射貍首之樂者於是自斷貍首縣而射之曰安在於
樂也此聞其名而不知其實者也今所謂新王必改制者非改
其道非變其理受命於天易姓更王：非繼前王而王也若一因
前制修故業而無有所改是與繼前王而王者無以別受命之
君天之所大顯也事父者承意事君者儀志事天亦然今天大
顯已物襲所代而率與同則不顯不明非天志故必徙居處更
稱號改正朔易服色者無他焉不敢不順天志而明自顯也楚莊

王

春秋作新王

故春秋應天作新王之事時正黑統王魯尚黑絀夏親周故宋樂宜親招武故以虞錄親樂制宜商合伯子男爲一等三代改制

春秋作新王之事變周之制當正黑統而殷周爲王者之後絀夏改號禹謂之帝錄其後以小國故曰絀夏存周以春秋當新王

春秋曰杞伯來朝王者之後稱公杞何以稱伯春秋上黜夏下存周以春秋當新王春秋當新王者柰何曰王者之法必正號絀王謂之帝封其後以小國使奉祀之下存二王之後以大國使服其服行其禮樂稱客而朝並同上

故孔子立新王之道明其貴志以反和見其好誠以滅僞其有

繼周之弊故若此也玉杯

孔子曰吾因行事加吾王心焉假其位號以正人倫俞序

孟子曰春秋天子之事王愆期以文王爲孔子自漢前莫不以孔子爲素王春秋爲改制之書其他尙不足信董子號稱醇儒豈爲誕謾而發春秋作新王當新王者不勝枚舉若非口說傳授董生安能大發之出自董子亦可信矣且云變周之制繼周之弊以周爲王者之後故詩以王降爲風論語其或繼周百世可知皆指春秋王道而言淮南子曰殷變夏周變殷春秋變周說苑曰夏道不亡殷德不作殷道不亡周德不作周道不亡春秋不作皆以春秋爲一王之治諸說並同尙賴口說流傳今得考素王之統者賴是而傳耳

王魯親周故宋附

故春秋應天作新王之事時正黑統王魯尚黑絀夏親周故宋

三代改制

詩有三頌周頌魯頌商頌孔子寓新周故宋王魯之義不然魯非王者何得有頌哉自僞毛出而古義湮於是此義不復知惟太史公孔子世家有焉公羊傳春秋託王於魯何注頻發此義人或疑之不知董子亦大發之蓋春秋之作在義不在事故一切皆託不獨魯爲託卽夏殷周之三統亦皆託也

今春秋緣魯以言王義殺隱桓以爲遠祖宗定哀以爲考妣至尊且高至顯且明其基壤之所加潤澤之所被條條無疆前是常數十年鄰之幽人近其墓而高明大國齊宋離不言會微國之君卒葬之禮錄而辭繁遠夷之君內而不外當此之時魯無鄙疆諸侯之伐哀者皆言我邾婁庶其鼻我邾婁大夫其於我

無以親以近之故乃得顯明隱桓親春秋之先人也益師卒而不日於稷之會言成宋亂以遠外也黃池之會以兩伯之辭言不以爲外以近內也奉本

諸侯來朝者得褒邾婁儀父稱字滕薛稱侯荆得人介葛盧得名內出言如諸侯來曰朝大夫來曰聘王道之意也王道

緣魯以言王義孔子之意專明王者之義不過緣託於魯以立文字卽如隱桓不過託爲王者之遠祖定哀爲王者之考妣齊宋但爲大國之譬邾婁滕薛亦不過爲小國先朝之影所謂其義則丘取之也自僞左出後人乃以事說經於是周魯隱桓定哀邾滕皆用考據求之痴人說夢轉增疑惑知有事不知有義於是孔子之微言沒而春秋不可通矣尙賴有董子之說得以明之不然諸侯來曰朝內出言如魯無鄙疆

董子何愚若此所謂辭之重意之復必有美者存焉

因其國而容天下 俞序

因其國而容天下 盟會要

借魯以行天下法度故再言因其國以容天下何足疑乎

改制三統

王者改制作科奈何曰當十二色麻各法而正色逆數三而復絀三之前曰五帝帝迭首一色順數五而相復禮樂各以其法象其宜順數四而相復咸作國號遷宮邑易官名制禮作樂故湯受命而王應天變夏作殷號時正白統親夏故虞絀唐謂之帝堯以神農爲赤帝作宮邑於下洛之陽名相官曰尹 張編修曰此以下闕殷制作樂之等與文王受命之事 爵 盧注爵字訛當作絀虞二字 謂之帝舜以軒轅爲黃帝推神農以爲九皇作宮邑於豐名相官曰宰作武樂制文禮

以奉天武王受命作宮邑於鄗制爵五等作象樂繼文以奉天
周公輔成王受命作宮邑於洛陽成文武之制作汋樂以奉天
殷湯之後稱邑示天之變反命故天子命無常唯命是德慶故
春秋應天作新王之事時正黑統王魯尚黑絀夏親周故宋樂
宜親招武故以虞錄親樂制宜商合伯子男爲一等然則其略
說柰何曰三正以黑統初正日月朔于營室斗建寅天統氣始
通化物物見萌達其色黑故朝正服黑首服藻黑正路輿質黑
馬黑大節綬幘尚黑旗黑大寶玉黑郊牲黑犧牲角卵冠于阼
昏禮逆于庭喪禮殯于東階之上祭牲黑牡薦尚肝樂器黑質
法不刑有懷任新產者是月不殺聽朔廢刑發德具存二王之
後也親赤統故日分平明平明朝正正白統柰何曰正白統者
厤正日月朔于虛斗建丑天統氣始蛻化物物始芽其色白故

朝正服白首服藻白正路輿質白馬白大節綬幘尚白旗白大寶玉白郊牲白犧牲角繭冠于堂昏禮逆于堂喪事殯于楹柱之閒祭牲白牡薦尚肺樂器白質法不刑有身懷任是日不殺聽朔廢刑發德具存二王之後也親黑統故日分鳴晨鳴晨朝正正赤統奈何曰正赤統者盧注此下有脫當云厤正日月朔下牽牛斗建子天統氣始施化物之始動其色赤赤正路輿質赤馬赤補四十字據尚書大傳及白虎通之文大節綬幘尚赤旗赤大寶王赤郊牲騂犧牲角栗冠于房昏禮逆于戶喪禮殯于西階之上祭牲騂牡薦尚心樂器赤質法不刑有身重懷藏以養微是月不殺聽朔廢刑發德具存二王之後也親白統故日分夜半夜半朝正改正之義奉元而起古之王者受命而王改制稱號正月服色定然後郊告天地及羣神近遠祖禰然後布天下諸侯廟受以告社稷宗廟山川然後感應一其司三統之變近夷

遐方無有生煞者獨中國然而三代改正必以三統天下曰三統五端化四方之本也天始廢始施地必待中是故三代必居中國法天奉本執端要以統天下朝諸侯也是以朝正之義天子純統色衣諸侯統衣纏緣紐大夫士以冠參近夷以綏遐方各衣其服而朝所以明乎天統之義也其謂統三正者曰正者正也統致其氣萬物皆應而正統正其餘皆正凡歲之要在正月也法正之道正本而末應正內而外應動作舉錯靡不變化隨從可謂法正也故君子曰武王其似正月矣春秋曰杞伯來朝王者之後稱公杞何以稱伯春秋上黜夏下存周以春秋當新王春秋當新王者柰何曰王者之法必正號紬王謂之帝封其後以小國使奉祀之下存二王之後以大國使服其服行其禮樂稱客而朝故同時稱帝者五稱王者三所以昭五端通三

統也是故周人之王尚推神農為九皇而改號軒轅謂之黃帝因存帝顓頊帝嚳帝堯之帝號絀虞而號舜曰帝舜錄五帝以小國下存禹之後於杞存湯之後於宋以方百里爵稱公皆使服其服行其禮樂稱先王客而朝春秋作新王之事變周之制當正黑統而殷周為王者之後絀夏改號禹謂之帝錄其後以小國故曰絀夏存周以春秋當新王不以杞侯弗同王者之後也稱子又稱伯何見殊之小國也黃帝之先謚四帝之後謚何也曰帝號必存五帝代首天之色號至五而反周人之王軒轅直首天黃號故曰黃帝云帝號尊而謚卑故四帝後謚也帝尊號也錄以小何曰遠者號尊而地小近者號卑而地大親疏之義也故王者有不易者有再而復者有三而復者有四而復者有五而復者有九而復者明此通天地陰陽四時日月星辰山

川人倫德侔天地者稱皇帝天佑而子之號稱天子故聖王生
則稱天子崩遷則存爲三王絀滅則爲五帝下至附庸絀爲九
皇下極其爲民有一謂之三代故雖絕地廟位祝牲猶列於郊
號宗於代宗故曰聲名魂魄施於虛極壽無疆何謂再而復四
而復春秋鄭忽何以名春秋曰伯子男一也辭無所貶何以爲
一曰周爵五等春秋三等春秋何三等曰王者以制一商一夏
一質一文商質者主天夏文者主地春秋者主人故三等也主
天法商而王其道佚陽親親而多仁樸故立嗣予子篤母弟妾
以子貴冠昏之禮字子以父別眇夫婦對坐而食喪禮別葬祭
禮先臊夫妻昭穆別位制爵三等祿士二品制郊宮明堂員其
屋高嚴侈員惟祭器員玉厚九分白藻五絲衣制大上首服嚴
員鸞輿尊蓋法天列象垂四鸞樂載鼓用錫儛儛溢員先毛血

而後用聲正刑多隱親戚多諱封禪於尚位主地法夏而王其道進陰尊尊而多義節故立嗣與孫篤世子妾不以子稱貴號昏冠之禮字子而母別眇夫婦同坐而食喪禮合葬祭禮先亨婦從夫爲昭穆制爵五等祿士三品制郊宮明堂方其屋卑污方祭器方玉厚八分白藻四絲衣制大下首服卑退鸞輿卑法地周象載垂二鸞樂設鼓用纖施儛儛溢方先亨而後用聲正刑天法封壇於下位主天法質而王其道佚陽親親而多質愛故立嗣予子篤母弟妾以子貴昏冠之禮字子以父別眇夫婦對坐而食喪禮別葬祭禮先嘉疏夫婦昭穆別位制爵三等祿士二品制郊宮明堂內員外橢其屋如倚靡員橢祭器橢玉厚七分白藻三絲衣長前衽首服員轉鸞輿尊蓋備天列象垂四鸞樂程鼓用羽籥儛儛溢橢先用玉聲而後亨正刑多隱親戚

多赦封墳於左位主地法文而王其道進陰尊尊而多禮文故立嗣予孫篤世子妾不以子稱貴號昏冠之禮字子以母別眇夫婦同坐而食喪禮合葬祭禮先秬鬯婦從夫爲昭穆制爵五等祿士三品制郊宮明堂內方外衡其屋習而衡祭器衡同作秩機玉厚六分白藻三絲衣長後衽服首習而垂流鸞輿卑備地周象載垂二鸞樂縣鼓用萬儛儛溢衡先亨而後用樂正刑文公封壇於左位四法修於所故祖於先帝故四法如四時然終而復始窮則反本四法之天施符授聖人王法則性命形乎先祖大昭乎王君故天將授舜主天法商而王祖錫姓爲姚氏至舜形體大上而員首而明有二童子性長於天文純於孝慈天將授禹主地法夏而王祖錫姓爲姒氏至於生發於背形體長長足肵疾行先左隨以右勞左佚右也性長於行習地明水

天將授湯主天法質而王祖錫姓爲子氏謂契母吞元鳥卵生契契先發於胸性長於人倫至湯體長專小足左扁而右便勞右佚左也性長於天光質易純仁天將授文王主地法文而王祖錫姓姬氏謂后稷母姜原履天之跡而生后稷后稷長於邰土播田五穀至文王形體博長有四乳而大足性長於地文勢故帝使禹皋論姓知殷之德陽德也故以子爲姓知周之德陰德也故以姬爲姓故殷王改文以男書子周王以女書姬故天道各以其類動非聖人孰能明之三代改制

春秋一書皆孔子明改制之事故孟子謂春秋天子之事也曰作新王曰變周之制周時王也而以爲王者之後杞公也而降爲伯滕子也而升爲侯此皆非常異義萬不可解之事而董子數數言之說苑所謂周道不亡春秋不作淮南子所

謂春秋變周與何邵公太史公說皆同此云略說則皆口說之流傳且更有其詳此不過其略云爾春秋雖爲孔子所託而運之三代夏殷無徵偏見禮運中庸論語此夏殷周之制安所從來蓋五復九復亦孔子所託而已制則或文或質法則或陰或陽姓則或子或女法則或天或地形則或圓或方或長統則或白或赤或黑雖有異同然皆推算之法故知出自一手蓋聖人胸有造化知天命之無常慮時勢之多變故預立三統以待變通達之百千推之九復範圍無外非聖人之精思睿慮其孰能爲之邵子詩日月星辰齊照耀皇王帝霸大鋪舒嗚呼非聖人而能中有天地如是乎

孔子創義皆有三數以待變通醫者製方猶能預製數方以待病之變聖人是大醫王而不能乎三統三世皆孔子絕大

之義每一世中皆有三統此三統者小康之時升平之世也
太平之世別有三統此篇略說其詳不可得聞也後世禮家
聚訟固有僞古之紛亂而今學中亦多異同如子服景伯子
游爭立子立孫立弟公羊穀梁爭妾母以子貴不以子貴檀
弓爭葬之別合曾子子夏爭殯之東西孟子公羊爵之三等
五等祿之三品二品皆今學而不同後師篤守必致互攻豈
知皆爲孔子之三統門人各得其一說故生互歧故通三統
之義而經無異義矣自七十子以來各尊所聞難有統一之
者雖孟荀猶滯於方隅惟董子乃盡聞三統所謂孔子之文
傳之仲舒也

孔子作經將爲施行故本爲空言猶必託之實事若三統之
制更爲周遠如建子爲正月白統尚白則朝服首服輿旗皆

自今泰西各國從之建丑爲正月俄羅斯日本從之明堂之制三十六牖七十二戶高嚴圓侈或橢圓或衡或方上圓下方則爲泰西宮室之制衣長後衽則泰西律師服之即以日分或中半或平明或鷄鳴今泰西以日午爲日分亦在範圍之中不獨建寅之時行之二千年也漢書張敞傳願得備皂衣之數則漢服尚黑蓋玄端緇衣春秋之制　國朝天青褂亦是尚黑蓋亦春秋制也樂覩韶舞則孔子最尊堯舜所謂盡善盡美後世雖有作者虞帝其不可及爲其揖讓而官天下也此則三統之後猶爲折衷者惜其詳說不可見而今即其略說已見聖人之範圍無外由三統推之四復五復九復窮變通久至萬千統可也天下安其所習蔽於一統若見聖人三統之運量如聞鈞天其有不悲憂眩視者將別見天地

之大矣

文質

王者以制一商一夏一質一文商質者主天夏文者主地春秋者主人故三等也（三代改制）

承周文而反之質（十指）

主天法質而王其道佚陽親親而多質愛（三代改制）

主地法文而王其道進陰尊尊而多禮文

天將授湯主天法質而王

天將授文王主地法文而王（並同上）

此春秋之救文以質也（王道）

然則春秋之序道也先質而後文（玉杯）

天下之道文質盡之然人智日開日趨於文三代之前據亂

而作質也春秋改制文也故春秋始義法文王則春秋實文
統也但文之中有質質之中有文其道遞嬗耳漢文而晉質
唐文而宋質明文而　國朝質然皆升平世質家也至太平
世乃大文耳後有萬年可以孔子此道推之

三王五帝九皇六十四民

故聖王生則稱天子崩遷則存爲三王絀滅則爲五帝下至附
庸絀爲九皇下極其爲民三代改制

九皇五帝

是故周人之王尚推神農爲九皇而改號軒轅謂之黃帝因存
帝顓頊帝嚳帝堯之帝號絀虞而號舜曰帝舜錄五帝以小國三代改制
推神農以爲九皇同上

三王五帝近人知之九皇則無知之者司馬貞易以三皇於
是九皇之義益隱六十四民則更無聞此義孔子謂皇天輔
德天命無常自神農以上八皇及六十四民共百七十二君
封禪祭之上推無極聖人擬議之大日月星辰齊照耀皇王
帝霸大鋪舒此豈陋儒所能知哉今賴董子僅存其概猶得
粗窺宗廟之美耳

董氏學卷五

弟子梁應騮陳國鏞初校
弟子王覺任康同勳覆校

春秋董氏學卷六上

南海康有爲廣夏學一名祖詒

春秋微言大義第六上

天
法天
事天
畏天
知天
天帝
人爲天類
人繼天
人類
言中人類
物養人
命

仁義

義

義利

智

仁智

義智

禮

常變禮

禮信義

貴信賤詐

恕

正

一
中和
聖德
玉德
格物
五事
榮辱
經權
權
權勢
名
名分

教

有欲

天君人

統

綱統

三綱

父子

事父母

忠孝

男女

師

君臣

變易遜順

同民欲

除患

養生

物理

鬼神

類應

災異祥瑞附

夷狄

以上下編

康有爲曰莫惑乎仲尼沒而微言絕七十子喪而大義乖之言也孔子雖沒旣傳於弟子矣則微言何能絕乎七十子雖

喪既遠傳於後學矣則大義何能乖乎孔子弟子後學徒侶六萬充塞彌滿天下並傳其口說誦其大義昭昭乎揭日月而行也至於漢初諸老師猶傳授薈萃其全者莫如春秋家明於春秋者莫如董子自元氣陰陽之本天人性命之故三統三綱之義仁義中和之德治化養生之法皆窮極元始探本混茫孔子制作之本源次第藉是可窺見之如視遠筒渾儀而覩列星品熒光怪緐列而佈分也如繪大樹根本幹支分條布枼部榮華實可得而理也孔子之道本闇曶湮斷久矣雖孟荀命世亞聖猶未能發宣江都雖醕儒豈能逾孟越荀哉有道者高下大小分寸不相越苟非孔子之口口相傳董子豈能有是乎此眞孔子微言大義之所寄也今細精舉要俾孔子之道如日中天豈敢謂盡露大道抑大聖制作本

始條理宗廟百官有可瞻仰云爾

元

唯聖人能屬萬物於一而繫之元也終不及本所從來而承之不能遂其功是以春秋變一謂之元元猶原也其義以隨天地終始也故人唯有終始也而生不必應四時之變故元者爲萬物之本而人之元在焉重政

春秋何貴乎元而言之元者始也言本正也王道

謂一元者大始也知元年志者大人之所重小人之所輕玉英

易稱大哉乾元乃統天天地之本皆運於氣列子謂天地空中之細物素問謂天爲大氣舉之何休謂元者氣也易緯謂太初爲氣之始春秋緯太一含元布精乃生陰陽易太極生兩儀孔子之道運本於元以統天地故謂爲萬物本終始天

地孔子本所從來以發育萬物窮極混茫如繁果之本於一核萌芽未啟如羣雛之本於一卵元黃已具而核卵之本尚有本焉屬萬物而貫於一合諸始而源其大無臭無聲至精至奧不得董子發明孔子之道本殆墜於地矣（按婆羅門之八明亦頗類是）

陰陽五行

天地之氣合而爲一分爲陰陽判爲四時列爲五行（五行相生）

十端

天有十端十端而止已天爲一端地爲一端陰爲一端陽爲一端火爲一端金爲一端木爲一端水爲一端土爲一端人爲一端凡十端而畢天之數也（官制象天）

天地陰陽木火土金水九與人而十者天之數畢也故數者至

十而止書者以十爲終皆取之此聖人何其貴者起於天至於
人而畢畢之外謂之物物者投所貴之端而不在其中天地陰陽
天之大數畢於十旬旬天地之間十而畢舉旬生長之功十而
畢成十者天數之所止也古之聖人因天數之所止以爲數紀
十如更始陽尊陰卑
天之大數畢有十旬旬天地之數十而畢舉旬生長之功十而
畢成基義
是故陽氣以正月始出於地生育養長於上至其功必成也而
積十月人亦十月而生合於天數也是故天道十月而成人亦
十月而成合於天道也陽尊陰卑
論語曰聞一以知十一爲數始十爲數終物生而有象象而
後有滋滋而後有數凡物皆有大統一爲之始必有條理十

爲之終一之與十終而復始道盡是矣華嚴說法必以十眞闇合也孔子繫萬物而統之元以立其一又散元以爲天地陰陽五行與人以之共十而後萬物生焉此孔子大道之統也十端之義後世不聞矣夫則孔子之道毀矣天之爲道廣微高遠不可得而測而聖人以與人並列爲一端皆元統之乃極奇之論眞與佛氏之三十三天與人並爲輪迴等蓋聖心廣微含運太元則天地乃爲元中細物亦與人同耳

人元在天前

故元者爲萬物之本而人之元在焉安在乎乃在乎天地之前故人雖生天氣及奉天氣者不得與天元本天元命而共違其所爲也重政

易曰先天而天不違人安得先天則易爲讏說乎豈知元爲萬物之本人與天同本於元猶波濤與漚同起於海人與天

實同起也然天地自元而分別爲有形象之物矣人之性命雖變化於天道實不知幾經百千萬變化而來其神氣之本由於元溯其未分則在天地之前矣人之所以最貴而先天者在參天地爲十端在此也精奧之論蓋孔子口說至董生發之深博與華嚴性海同幸出自董生若出自後儒則以爲勦佛氏之說矣子嘗竊憤儒生只能割地佛言魂耶言天皆孔子所固有不必因其同而自絕也理本大同哲人同具否則人有宮室飲食而吾亦將絕食露處矣

陰陽

天道之常一陰一陽陰陽義

凡物必有合合必有上必有下必有左必有右必有前必有後必有表必有裏有美必有惡有順必有逆有喜必有怒有寒必有暑有晝必有夜此皆其合也陰者陽之合妻者夫之合子者

父之合臣者君之合物莫無合而合各有陰陽陽兼於陰陰兼於陽夫兼於妻妻兼於夫父兼於子子兼於父君兼於臣臣兼於君君臣父子夫婦之義皆與諸陰陽之道君爲陽臣爲陰父爲陽子爲陰夫爲陽妻爲陰基義

一之與十就始終言之若就一物而言一必有兩易云太極生兩儀孔子原本天道知物必有兩故以陰陽括天下之物理未有能出其外者就一身言之面背爲陰陽就一木言之枝幹爲陰陽就光言之明暗爲陰陽就色言之黑白爲陰陽就音言之清濁爲陰陽就氣言之冷熱爲陰陽就質言之流凝爲陰陽就形言之方圓爲陰陽推此仁義公私經權常變以觀天下之物無一不具陰陽者不獨男女牝牡雌雄正負奇耦也孔子窮極物理以爲創教之本故繫易立卦不始太

極而始乾坤陰陽之義也元與太極太一不可得而見也其可見可論者必爲二矣故言陰陽而不言太極周子謂太極動而生陽動極而靜靜極而生陰動靜互根專主天地車輪終而復始之義不知生物之始一形一滋陰陽並時而著所謂天道之常一陰一陽凡物必有合也有合爲橫互根爲從周子尚未知之也波斯古教之聖祚樂阿士對亦以物物有陰陽其與孔子闇合者乎然聖人窮理之精立敎之本可以見矣

氣化

天地之間有陰陽之氣常漸人者若水常漸魚也所以異於水者可見與不可見耳其澹澹也然則人之居天地之閒其猶魚之離水一也其無間若氣而淖於水水之比於氣也若泥之比

於水也是天地之閒若虛而實人常漸是澹澹之中而以治亂之氣與之流通相殽也故人氣調和而天地之化美殽於惡而味敗此易（盧注此易字下趙疑有見字）之物也推物之類以易見難者其情可得治亂之氣邪正之風是殽天地之化者也生於化而反殽化與運連也（天地陰陽）

天地之閒若虛而實氣之漸人若魚之漸水氣之於水如水之於泥故無往而不實也人比蟭螟碩大極矣不能見纖小之物若自至精之物推見則氣黜之聯接極粗人怒則血赤衝面聲能辟易人氣黜感動流通相殽乃自然之勢董子此說窮極天人之本今之化學家豈能外之哉

本天

父者子之天也天者父之天也無天而生未之有也天者萬物

之祖萬物非天不生獨陰不生獨陽不生陰陽與天地參然後生故曰父之子也可尊（按父之子當爲天之子誤文）母之子也可卑尊者取尊號卑者取卑號（順命）

穀梁曰夫物非陰不生非陽不生非天不生三合然後生故謂母之子也可天之子也可尊者取尊稱卑者取卑稱與董子義同當是孔子口說特創此義人人爲天所生人人皆爲天之子但聖人姑別其名稱獨以王者爲天之子而庶人爲母之子其實人人皆爲天之子也孔子慮人以天爲父則不事其父故曰天者萬物之祖也父者子之天也天者父之天也則以天爲祖矣所以存父子之倫也

爲生不能爲人爲人者天也人之人本於天天亦人之曾祖父也（爲人者天）

天地者萬物之本先祖之所出也廣大無極其德炤明厤年衆多永永無疆觀德

蓋天者萬物之大父已由是生父由是生祖亦由是生故又曰先祖之所出人之曾祖父也大傳王者禘祖所自出卽天也荀子曰天地者生之本也祖宗者類之本也蓋性命知覺之生本於天也人類形體之模本於祖父也若但生於天則不定其必爲人類形體也若但生於祖父則無以有此性命知覺也故仁人享帝而郊之報性命知覺之本也孝子享親而禘之報氣類形體之本也享帝則凡在生物皆吾同胞聖人所以愛物而治及山川草本昆蟲也享親則凡在宗族皆吾同氣聖人所以親親而推及九族也百姓萬國也若但父天則衆生誠爲平等必將以父母儕於萬物則義旣不平無

厚薄遠近之序事必不行若但父父則身家誠宜自私必將以民物置之度外仁既不廣將啟爭殺之禍道更不善墨道施由親始已有差等故以天爲祖立差等而行之實聖人智通神明仁至義盡也

天地人

天地人萬物之本也天生之地養之人成之（立元神）

天生之地載之聖人教之（爲人者天）

天道施地道化人道義（天道施）

故王者唯天之施施其時而成之法其命如循之諸人法其數而以起事治其道而以出法治其志而歸之於仁仁之美者在於天天仁也天覆育萬物既化而生之有養而成之事功無已終而復始凡舉歸之以奉人察於天之意無窮極之仁也人之

受命於天也取仁於天而仁也是故人之受命天之尊父兄子弟之親有忠信慈惠之心有禮義廉讓之行有是非順逆之治文理燦然而厚知廣大有而博惟人道可以參天王道通

諸教皆有立教之根本老子本道天地為不仁以萬物為芻狗此老子立教之本故列楊傳清虛之學則專以自私申韓傳刑名之學則專以殘賊其根本然也孔子本天以天為仁人受命於天取仁於天凡天施天時天數天道天志皆歸之於天故尸子謂孔子貴仁孔子立教宗旨在此雖孟荀未能發之賴有董子而孔子之道始著也

陰陽四時喜怒哀樂附

天道之常一陰一陽陽者天之德也陰者天之刑也迹陰陽終歲之行以觀天之所親而任成天之功猶謂之空空者之實也

故清溧之於歲也若酸鹹之於味也僅有而已矣聖人之治亦從而然天之少陰用於功大陰用於空人之少陰用於嚴而太陰用於喪喪亦空空亦喪也是故天之道以三時成生以一時喪死死之者謂百物枯落也喪之者謂陰氣悲哀也天亦有喜怒之氣哀樂之心與人相副以類合之天人一也春喜氣也故生秋怒氣也故殺夏樂氣也故養冬哀氣也故藏四者天人同有之有其理而一用之與天同者大治與天異者大亂故為人主之道莫明於在身之與天同者而用之使喜怒必當義乃出如寒暑之必當其時乃發也使德之厚於刑也如陽之多於陰也是故天之行陰氣也少取以成秋其餘以歸之冬聖人之行陰氣也少取以立嚴其餘歸之喪喪亦人之冬氣故人之太陰不用於刑而用於喪天之太陰不用於物而用於空空亦為喪

喪亦爲空其實一也皆喪死亡之心也陰陽義

天之常道相反之物也不得兩起故謂之一一而不二者天之行也陰與陽相反之物也故或出或入或左或右春俱南秋俱北夏交於前冬交於後并行而不同路交會而各代理此其文與天之道有一出一入一休一伏其度一也然而不同意陽之出常縣於前而任歲事陰之出常縣於後而守空虛陽之休也功已成於上而伏於下陰之伏也不得近義而遠其處也天之任陽不任陰好德不好刑如是故陽出而前陰出而後尊德而卑刑之心見矣陽出而積於夏任德以歲事也陰出而積於冬錯行於空處也必以此察之天道無二

天之道出陽爲煖以生之出陰爲清以成之是故非薰也不能有育非溧也不能有熟歲之精也知心而不省薰與溧孰多者

用之必與天戾與天戾雖勞不成是自正月至於十月而天之
功畢計是間者陰與陽各居幾何薰與溧其日孰多距物之初
生至其畢成露與霜其下孰倍故從中春生於秋氣溫柔和調
乃季秋九月陰乃始多於陽天乃於是時出溧下霜出溧下霜
而天降物固已皆成矣故九月者天之功大究於是月也十月
而悉畢故桉其迹數其實清溧之日少少耳功已畢成之後陰
乃大出天之成功也少陰與而太陰不與少陰在內而太陰在
外故霜加物而雪加於空空者亶地而已不逮物也功已畢成
之後物未復生之前太陰之所常出也雖曰陰亦以太陽資化
其位而不知所受之（煖燠孰多）
春愛志也夏樂志也秋嚴志也冬哀志也故愛而有嚴樂而有
哀四時之則也喜怒之禍哀樂之義不獨在人亦在於天而春

夏之陽秋冬之陰不獨在天亦在於人人無春氣何以博愛而容衆人無秋氣何以立嚴而成功人無夏氣何以盛養而樂生人無冬氣何以哀死而恤喪天無喜氣亦何以暖而春生育天無怒氣亦何以清而秋就殺天無樂氣亦何以疎陽而夏養長天無哀氣亦何以激陰而冬閉藏故曰天乃有喜怒哀樂之行人亦有春秋冬夏之氣者合類之謂也匹夫雖賤可以見刑德之用矣天辨

陰陽之氣在上天亦在人在人者爲好惡喜怒在天者爲暖清寒暑出入上下左右前後平行而不止未嘗有所稽留滯鬱也其在人者亦宜行而無留若四時之條條然也夫喜怒哀樂之止動也此天之所爲人性命者臨其時而欲發其應亦天應也與暖清寒暑之至其時而欲發無異若留德而待春夏留刑而

待秋冬也此有順四時之名實逆於天地之經在人者亦天也柰何其久留天氣使之鬱滯不得以其正周行也是故脫天行穀朽寅而秋生麥告除穢而繼之也所以成功繼之以贍人也天之生有大經也而所周行者又有害功也除而殺殛者行急皆不待時也天之志也而聖人承之以治是故春修仁而求善秋修義而求惡冬修刑而致清夏修德而致寬此所以順天地體陰陽然而方求善之時見惡而不釋方求惡之時見善亦力行方致清之時見大善亦立舉之方致寬之時見大惡亦力去之以效天地之方生之時有殺也方殺之時有生也是故志意隨天地緩急倣陰陽然而人事之宜行者無所鬱滯且恕於人順於天人之道兼舉此謂執其中天非以春生人以秋殺人也當生者曰生當死者曰死非殺物之任擬代四時也而人之所

治也安取久留當行之理而必待四時也此之謂壅非其中也人有喜怒哀樂猶天之有春夏秋冬也喜怒哀樂之至其時而欲發也若春夏秋冬之至其時而欲出也皆天氣之然也其宜直行而無鬱滯一也天終歲乃一徧此四者而人主終日不知過此四之數其理故不可以相待且天之欲利人非直其欲利穀也除穢不待時況穢人乎如天之爲

　清協四時周正無所鬱滯中庸所謂發而中節也志意隨天地緩急倣陰陽中和位育之極義也

天常以愛利爲意以養長爲事春秋冬夏皆其用也王者亦常以愛利天下爲意以安樂一世爲事好惡喜怒而備用也然而主好惡喜怒乃天之春夏秋冬也其居煖清寒暑而以變化成功也天出此物者時則歲美不時則歲惡人主出此四者義則

世治不義則世亂是故治世與美歲同數亂世與惡歲同數以此見人理之副天道也天有寒有暑夫喜怒哀樂之發與清煖寒暑其實一貫也喜氣爲暖而當春怒氣爲清而當秋樂氣爲太陽而當夏哀氣爲太陰而當冬四氣者天與人所同有也非人所能畜也故可節而不可止也節之而順止之而亂人生於天而取化於天喜氣取諸春樂氣取諸夏怒氣取諸秋哀氣取諸冬四氣之心也四肢之答各有處如四時寒暑不可移若肢體肢體移易其處謂之壬人寒暑移易其處謂之敗歲喜怒移易其處謂之亂世明王正喜以當春正怒以當秋正樂以當夏正哀以當冬上下法此以取天之道春氣愛秋氣嚴夏氣樂冬氣哀愛氣以生物嚴氣以成功樂氣以養生哀氣以喪終天之志也是故春氣暖者天之所以愛而生之秋氣清者天之所以

嚴而成之夏氣溫者天之所以樂而養之冬氣寒者天之所以哀而藏之春主生夏主養冬主藏秋主收生溉其樂以養死溉其哀以藏爲人子者也故四時之比父子之道天地之志君臣之義也陰陽理人之法也陰刑氣也陽德氣也陰始於秋陽始於春春之爲言猶偆偆也秋之爲言猶湫湫也偆偆者喜樂之貌也湫湫者憂悲之狀也是故春喜夏樂秋憂冬悲悲死而樂生以夏養春以冬喪秋大人之志也是故先愛而後嚴樂生而哀終天之當也而人資諸天天固如此然而無所之如其身而已矣人主立於生殺之位與天共持變化之勢物莫不應天化天地之化如四時所好之風出則爲煖氣而有生於俗所惡之風出則爲清氣而有殺於俗喜則爲暑氣而有養成也怒則爲寒氣而有閉塞也人主以好惡喜怒變習俗而天以煖清寒暑

化草木喜樂時而當則歲美不時而妄則歲惡天地人主一也
然則人主之好惡喜怒乃天之煖清寒暑也不可不審其處而
出也當暑而寒當寒而暑必爲惡歲矣人主當喜而怒當怒而
喜必爲亂世矣是故人主之大守在於謹藏而禁內使好惡喜
怒必當義乃出若煖清寒暑之必當其時乃發也人主掌此而
無失使乃好惡喜怒未嘗差也如春秋冬夏之未嘗過也可謂
參天矣深藏此四者而勿使妄發可謂天矣王道通
天有和有德有平有威有相受之意有爲政之理不可不審也
春者天之和也夏者天之德也秋者天之平也冬者天之威也
天之序必先和然後發德必先平然後發威此可以見不和不
可以發慶賞之德不平不可以發刑罰之威又可以見德生於
和威生於平也不和無德不平無威天之道也達者以此見之

矣我雖有所愉而喜必先和心以求其當然後發慶賞以立其德雖有所忿而怒必先平心以求其政然後發刑罰以立其威能常若是者謂之天德行天德者謂之聖人爲人主者居至德之位操殺生之勢以變化民民之從主也如草木之應四時也喜怒當寒暑威德當冬夏冬夏者威德之合也寒暑者喜怒之偶也喜怒之有時而當發寒暑亦有時而當出其理一也當喜而不喜猶當暑而不暑當怒而不怒猶當寒而不寒也當德而不德猶當夏而不夏也當威而不威猶當冬而不冬也喜怒威德之不可以不直處而發也如寒暑冬夏之不可不當其時而出也故謹善惡之端何以效其然也春秋采善不遺小掇惡不遺大諱而不隱罪而不忽口口以是非正理以褒貶喜怒之發威德之處無不皆中其應可以參寒暑冬夏之不失其時而已

故曰聖人配天威德所生

聖人副天之所行以爲政故以慶副煖而當春以賞副暑而當夏以罰副清而當秋以刑副寒而當冬慶賞罰刑異事而同功皆王者之所以成德也慶賞罰刑與春夏秋冬以類相應也如合符故曰王者配天謂其道天有四時王有四政四政若四時通類也天人所同有也慶爲春賞爲夏罰爲秋刑爲冬慶賞罰刑之不可不具也如春夏秋冬不可不備也慶賞罰刑當其處不可不發若煖清寒暑當其時不可不出也慶賞罰刑各有正處如春夏秋冬各有時也四政者不可以相干也猶四時不可相干也四政者不可以易處也猶四時不可易處也故慶賞罰刑有不行於其正處者春秋譏也四時之副

天道大數相反之物也不得俱出陰陽是也春出陽而入陰秋

出陰而入陽夏右陽而左陰冬右陰而左陽陰出則陽入陽入則陰出陰出右則陽左陰左則陽右是故春俱南秋俱北而不同道夏交於前冬交於後而不同理并行而不相亂澆滑而各持分此之謂天之意陰陽出入

此周子陰陽互根之說也

五行

天有五行木火土金水是也木生火火生土土生金金生水水爲冬金爲秋土爲季夏火爲夏木爲春春主生夏主長季夏主養秋主收冬主藏藏冬之所成也五行對

土者火之子也五行莫貴於土土之於四時無所命者不與火分功名木名春火名夏金名秋水名冬忠臣之義孝子之行取之土土者五行最貴者也其義不可以加矣五聲莫貴於宮五

味莫美於甘五色莫貴於黃同上

行者行也其行不同故謂之五行五行者五官也比相生而間相勝也故謂治逆之則亂順之則法五行相生

一曰木二曰火三曰土四曰金五曰水木五行之始也水五行之終也土五行之中也此其天次之序也木生火火生土土生金金生水水生木此其父子也木居左金居右火居前水居後土居中央此其父子之序相受而布是故木受水而火受木土受火金受土水受金也諸授之者皆其父也受之者皆其子也常因其父以使其子天之道也是故木已生而火養之金已死而木藏之火樂木而養以陽水克金而喪以陰土之事天竭其忠故五行者乃孝子忠臣之行也五行之為言也猶五行歟是故以得辭也聖人知之故多其愛而少嚴厚養生而謹送終就

天之制也以子而迎成養如火之樂木也喪父如水之克金也事君若土之敬天也可謂有行人矣五行之隨各如其序五行之官各致其能是故木居東方而主春氣火居南方而主夏氣金居西方而主秋氣水居北方而主冬氣是故木主生而金主殺火主暑而水主寒使人必以其序官人必以其能天之數也土居中央爲之天潤土者天之股肱也其德茂美不可名以一時之事故五行而四時者土兼之也金木水火雖各職不因土方不立若酸鹹辛苦之不因甘肥不能成味也甘者五味之本也土者五行之主也五行之主土氣也猶五味之有甘肥也不得不成是故聖人之行莫貴於忠土德之謂也人官之大者不名所職相其是矣天官之大者不名所生土是矣五行之義

天

天之道終而復始陰陽終始

天高其位而下其施藏其形而見其光高其位所以為尊也下其施所以為仁也藏其形所以為神見其光所以為明故位尊而施仁藏神而見光者天之行也離合根

此動靜互根陰陽不並出之義車輪循環死此生彼盈此虧彼物莫外也

天之道有序而時有度而節變而有常反而有相奉微而至遠踔而致精一而少積蓄廣而實虛而盈天容

法天

孔子曰唯天為大唯堯則之則之者大也巍巍乎其有成功也言其尊大以成功也齊桓晉文不尊周室不能霸三代聖人不則天地不能至王自此而觀之可以知天地之貴矣奉本

聖人視天而行是故其禁而審好惡喜怒之處也欲合諸天之非其時不出煖清寒暑也其告之以政令而化風之清微也欲合諸天之顛倒其一而以成歲也其羞淺末華虛而貴敦厚忠信也欲合諸天之默然不言而功德積成也其不阿黨偏私而美汎愛兼利也欲合諸天之所以成物者少霜而多露也其內自省以是而外顯不可以不時人主有喜怒不可以不時可亦爲時時亦爲義喜怒以內合其理一也故義不義者時之合類也而喜怒乃寒暑之別氣也天容

生育養長成而更生終而復始其事所以利活民者無已天雖不言其欲贍足之意可見也古之聖人見天意之厚於人也故南面而君天下必以兼利之諸侯

事天

受命之君天意之所予也故號爲天子者宜事天如父事天以孝道也（深察名號）

孔子曰君子有三畏畏天命畏大人畏聖人之言彼豈無傷害於人而孔子徒畏之哉以此見天之不可不畏敬猶主上之不可不謹事不謹事主其禍來至顯不畏敬天其殃來至闇闇者不見其端若自然也故曰堂堂如天殃言不必立校默而無聲潛而無形也由是觀之天殃與上罰所以別者闇與顯耳不然其來逮人殆無以異孔子同之俱言可畏也天地神明之心與人事成敗之眞固莫之能見也唯聖人能見之聖人者見人之所不見者也故聖人之言亦可畏也奈何如廢郊禮郊禮者人所最甚重也廢聖人所最甚重而吉凶利害在於冥冥不可得見之中雖已多受其病何從知之故曰問聖人者問其所爲而

無問其所以爲也問其所以爲終弗能見不如勿問問爲而爲之所以爲而勿爲是與聖人同實也何過之有詩云不愆不忘率由舊章舊章者先聖人之故文章也率由各有修從之也此言先聖人之故文章者雖不能深見而詳知其則猶不知其美譽之功矣今郊事天之義此聖人故故古之聖王文章之最重者也前世王莫不從重粟精奉之以事上天至於秦而獨闕然廢之一何其不率由舊章之大甚也天者百神之大君也事天不備雖百神猶無益也郊語

言天爲百神大君尊天極至但亦不廢百神之祀耳

堯謂舜曰天之厤數在爾躬言察身以知天也今身有子孰不欲其有子禮也聖人正名名不虛生天子者則天之子也以身度天獨何爲不欲其子之有子禮也今爲其天子而闕然無祭

於天天何必善之郊語

天者百神之君也王者之所最尊也以最尊天之故故易始歲

更紀郊義

天子父母事天而子孫畜萬民民未徧飽無用祭天者是猶子

孫未得食無用食父母也言莫逆於是是其去禮遠也先貴而

後賤孰貴於天子天子號天之子也柰何受爲天子之號而無

天子之禮天子不可不祭天也無異人之不可不食父爲人子

而不事父者天下莫能以爲可今爲天之子而不事天何以異

是是故天子每至歲首必先郊祭以享天乃敢爲地行子禮也

每將興師必先郊祭以告天乃敢征伐行子之道也郊祭

畏天

是故天之所加雖爲災害猶承而大之其欽無窮震夷伯之廟

是也天無錯舛之災地有震動之異本末
省天譴而畏天威內動於心志外見於事情修身審己明善心
以反道者也端二
孔子曰畏天命畏大人畏聖人之言其祭社稷宗廟山川鬼神
不以其道無災無害至於祭天不享其卜不從使其牛口傷鼷
鼠食其角或言食牛或言食而死或食而生或不食而自死或
改卜而牛死或卜而食其角過有深淺薄厚而災有簡甚不可
不察也猶郊之變因其災而之變應而無爲也見百事之變之
所不知而自然者勝言與以此見其可畏專誅絕者其唯天乎
臣弒君子弒父三十有餘諸其賤者則損以此觀之可畏者其
唯天命大人乎亡國五十有餘皆不事畏者也況不畏大人大
人專誅之君之滅者何日之有哉魯宣違聖人之言變古易常

而災立至聖人之言可不愼此三畏者異指而同致故聖人同
之俱言其可畏也順命

知天

詩云天難諶斯不易維王此之謂也夫王者不可以不知天知
天詩人之所難也天意難見也其道難理是故明陽陰入出實
虛之處所以觀天之志辨五行之本末順逆小大廣狹所以觀
天道也天志仁其道也義爲人主者予奪生殺各當其義若四
時列官置吏必以其能若五行好仁惡戾任德遠刑若陰陽此
之謂能配天天者其道長萬物而王者長人人主之大天地之
參也天地陰陽

明陰陽出入實虛辨五行本末順逆小大廣狹志仁道義予
奪生殺當四時置吏以能若五行任德遠刑若陰陽孔子窮

天人之本爲王政之施此其根核矣

天帝

泰伯至德之侔天地也上帝爲之廢適易姓而子之讓其至德海內懷歸之泰伯三讓而不敢就位德觀

人爲天類

爲生不能爲人爲人者天也人之人本於天天亦人之曾祖父也此人之所以上類天也人之形體化天數而成人之血氣化天志而仁人之德行化天理而義人之好惡化天之暖清人之喜怒化天之寒暑人之受命化天之四時人生有喜怒哀樂之答春秋冬夏之類也喜春之答也怒秋之答也樂夏之答也哀冬之答也天之副在乎人人之情性有由天者矣故曰受由天之號也爲人主之道莫明省身之天如天出之也使其出也答

天之出四時而必忠其受也則堯舜之治無以加是可生可殺
而不可使爲亂故曰非道不行非法不言此之謂也爲人者天
人類化於天人性生於天故人道卽法天道天人分合本原
貫通孝子不匱永錫以類明天人相通之故未有若此之深
切著明也
況生天地之間法太祖先人之容貌則其至德取象衆名尊貴
是以聖人爲貴也觀德
所謂太祖先人卽天地也人則法其德貌故人爲貴
天德施地德化人德義天氣上地氣下人氣在其間春生夏長
百物以興秋殺冬收百物以藏故莫精於氣莫富於地莫神於
天天地之精所以生物者莫貴於人人受命乎天也故超然有
以倚物疢疾莫能爲仁義唯人獨能爲仁義物疢疾莫能偶天

地唯人獨能偶天地人有三百六十節偶天之數也形體骨肉偶地之厚也上有耳目聰明日月之象也體有空竅理脈川谷之象也心有哀樂喜怒神氣之類也觀人之體一何高物之甚而類於天也物旁折取天之陰陽以生活耳而人乃爛然有其文理是故凡物之形莫不伏從旁折天地而行人猶題直立端尚正正當之是故所取天地少者旁折之所取天地多者正當之此見人之絕於物而參天地是故人之身首坌員象天容也髮象星辰也耳目戾戾象日月也鼻口呼吸象風氣也胸中達知象神明也腹胞實虛象百物也百物者最近地故要以下地也天地之象以要為帶頸以上者精神尊嚴明天類之狀也頸以下者豐薄卑辱土壤之比也足步而方地形之象也是故禮帶置紳必直其頸以別心也帶而上者盡為陽帶而下者盡為

陰各其分陽天氣也陰地氣也故陰陽之動使人足病喉痺起
則地氣上爲雲雨而象亦應之也天地之符陰陽之副常設於
身身猶天也數與之相參故命與之相連也天以終歲之數成
人之身故小節三百六十六副日數也大節十二分副月數也
內有五藏副五行數也外有四肢副四時數也乍視乍瞑副晝
夜也乍剛乍柔副冬夏也乍哀乍樂副陰陽也心有計慮副度
數也行有倫理副天地也此皆暗膚著身與人俱生比而偶之
弇合於其可數也副數不可數者副類皆當同而副天一也是
故陳其有形以著其無形者拘其可數者以著其不可數者此
言道之亦宜以類相應猶其形也以數相中也人副天數
求天數之微莫若於人人之身有四肢每肢有三節三四十二
十二節相持而形體立矣官制象天

天地陰陽木火土金水九與人而十者天之數畢也故數者至十而止書者以十爲終皆取之此聖人何其貴者起於天至於人而畢畢之外謂之物物者投所貴之端而不在其中以此見人之超然萬物之上而最爲天下貴也人下長萬物上參天地故其治亂之故動靜順逆之氣乃損益陰陽之化而搖蕩四海之內物之難知者若神不可謂不然也天地陰陽

人上與天參下與物絕氣動大化知深如神知自貴於物而後安處善樂循理此聖人之微指也

人繼天

是故天長之而人傷之者其長損天短之而人養之者其短益夫損益者皆人人其天之繼歟出其質而人弗繼豈獨立哉循天之道

鴻濛開闢之始鳥獸榛狉山河莽莽聖人作而後田野道路舟車都邑宮室服物釆章禮樂出作成器以爲天下利垂教義以爲萬世法所謂繼天也繼者天所斷而續之天所缺而補之裁成輔相之極則也

人類

故仁者所以愛人類也必仁且智

類爲孔子一大義聖人之殺禽獸者爲其不同類也蟣虱生於人而人不愛之子則愛焉同類不同類之別也故聖人之仁以愛人類爲主孝子不匱永錫爾類錫及人類也蓋聖人之仁雖極廣博而亦有界限也界限者義也不得已而立者也

能說鳥獸之類者非聖人所欲說也聖人所欲說在於說仁義
而理之知其分科條別貫所附明其義之所審勿使嫌疑是乃
聖人之所貴而已矣不然傳於衆辭觀於衆物說不急之言而
以惑後進者君子之所甚惡也奚以爲哉聖人思慮不厭晝日
繼之以夜然後萬物察者仁義矣重政
人之長萬物上參天地故其治亂之故動靜順逆之氣乃損益
陰陽之化而搖蕩四海之內物之難知者若神不可謂不然也
今投地死傷而不騰相助投淖相動而近投水相動而逾遠由
此觀之夫物逾淖而逾易變動搖蕩也今氣化之淖非直水也
而人主以衆動之無已時是故常以治亂之氣與天地之化相
殽而不治也世治而民和志平而氣正則天地之化精而萬物
之美起世亂而民乖志僻而氣逆則天地之化傷災害起是故

治世之德潤草木澤流四海功過神明亂世之所起亦博若是皆因天地之化以成敗物乘陰陽之資以任其所爲故爲惡愆人力而功傷名自過也天地陰陽

物養人

天地之生萬物也以養人故其可食者以養身體其可威者以爲容服服制象

命

人始生有大命是其體也有變命存其間者其政也政不齊則人有忿怒之志若將施危難之中而時有隨遭者神明之所接絕屬之符也重政

三命之說與孝經緯論衡同論語曰不知命無以爲君子也賜不受命中庸曰故大德必受命君子居易以俟命孟子曰

莫非命也順受其正引孔子曰得之不得曰有命六經中言命者不可更僕蓋命爲孔子一大義使人安分循理遷善去惡墨子有非命篇攻之則當時儒者日持以立說矣

命不能救

顏淵死子曰天喪予子路死子曰天祝予西狩獲麟曰吾道窮吾道窮三年身隨而卒階此而觀天命成敗聖人知之有所不能救命矣夫（隨本消息）

天命

故有大罪不奉其天命者皆棄其天倫人於天也以道受命其於人以言受命不若於道者天絕之不若於言者人絕之臣子大受命於君（順命）

天子受命於天諸侯受命於天子子受命於父臣妾受命於君

妻受命於夫諸所受命者其尊皆天也雖謂受命於天亦可天子不能奉天之命則廢而稱公王者之後是也公侯不能奉天子之命則名絕而不得就位衛侯朔是也子不奉父命則有伯討之罪衛世子蒯聵是也臣不奉君父雖善以叛言晉趙鞅入於魯陽以叛是也妾不奉君之命則媵女先至者是也妻不奉夫之命則絕夫不言及是也曰不奉順於天者其罪如此同上

禮喪服傳君者天也父者天也夫者天也又曰婦人無二天

論語畏天命於天以道受命於人以言受命臣子大受命與穀梁同此孔門大義也

傳曰唯天子受命於天天下受命於天子一國則受命於君君命順則民有順命君命逆則民有逆命故曰一人有慶萬民賴之此之謂也爲人者天

是故人之受命天之尊父兄子弟之親有忠信慈惠之心有禮義廉讓之行有是非順逆之治文理燦然而厚知廣大有而博惟人道可以參天王道通

今善善惡惡好榮憎辱非人能自生此天施之在人者也君子以天施之在人者聽之則丑父弗忠也天施之在人者使人有廉耻而不生於大辱竹林

性

今世闇於性言之者不同胡不試反性之名性之名非生與如其生之自然之資謂之性性者質也詰性之質於善之名能中之與既不能中矣而尚謂之質善何哉性之名不得離質離質如毛則非性已不可不察也深察名號

莊子孝經緯皆以性爲生之質於文亦然當是性之本義

人之受氣苟無惡者心何椎哉吾以心之名得人之誠人之誠有貪有仁仁貪之氣兩在於身身之名取諸天天兩有陰陽之施身亦兩有貪仁之性天有陰陽禁身有情欲椎與天道一也是以陰之行不得於春夏而月之魄常厭於日光乍全乍傷天之禁陰如此安得不損其欲而輟其情以應天天所禁而身禁之故曰身猶天也禁天所禁非禁天也必知天性不乘於教終不能椎察實以爲名無教之時性何遽若是故性比於禾善比於米米出禾中而禾未可全爲米也善出性中而性未可全爲善也善與米人之所繼天而成於外非在天所爲之內也天之所爲有所至而止止之內謂之天性止之外謂之人事事在性外而性不得不成德民之號取之瞑也使性而已善則何故以瞑爲號以實者言弗扶將顛陷猖狂安能善性有似目目臥幽

而瞑待覺而後見當其未覺可謂有見質而不可謂見今萬民之性有其質而未能覺譬如瞑者待覺教之然後善當其未覺可謂有質而不可謂善與目之瞑而覺一概之比也靜心徐察之其言可見矣性而瞑之未覺天所爲也效天所爲爲之起號故謂之民民之爲言固猶瞑也隨其名號以入其理則得之矣是正名號者於天地天地之所生謂之性情性情相與爲一瞑情亦性也謂性已善柰其情何故聖人莫謂性善累其名也身之有性情也若天之有陰陽也言人之質而無其情猶言天之陽而無其陰也窮論者無時受也名性不以上不以下以其中名之性如繭如卵卵待覆而爲雛繭待繅而爲絲性待教而爲善此之謂眞天天生民性有善質而未能善於是爲之立王以善之此天意也民受未能善之性於天而退受成性之教於王

王承天意以成民之性爲任者也今案其眞質而謂民性已善者是失天意而去王任也萬民之性苟性已善則王者受命尙何任矣其設民不正故棄重任而違大命非法言也春秋之辭內事之待外者從外言之今萬民之性待外教然後能善善當與教不當與性與性則多累而不精自成功而無聖賢此世長者之所誤出也深察名號

性善性惡無善無惡有善有惡之說皆粗若言天有陰陽之施身亦兩有貪仁之性與白虎通同可謂精微之論也易繫辭一陰一陽之謂道繼之者善也成之者性也言性善者皆述之然易意陰陽之道天也繼以善教也成其性人也止之內謂之天性天命之謂性也率性之謂道修道之謂教止之外謂之人事事在性外所謂人之所繼天而成於外也

或曰性有善端心有善質尚安非善應之曰非也繭有絲而繭非絲也卵有雛而卵非雛也比類率然有何疑焉天生民有六經言性者不當異然其或曰性也善或曰性未善則所謂善者各異意也性有善端動之愛父母善於禽獸則謂之善此孟子之言循三綱五紀通八端之理忠信而博愛敦厚而好禮乃可謂善此聖人之善也是故孔子曰善人吾不得而見之得見有恆者斯可矣由是觀之聖人之所謂善亦未易當也非善於禽獸則謂之善也使動其端善於禽獸則可謂之善善奚爲弗見也夫善於禽獸之未得爲善也猶知於草木而不得名知於萬民之性善於禽獸而不得名善知之名乃取之聖聖人之所命天下以爲正正朝夕者視北辰正嫌疑者視聖人聖人以爲無王之世不教之名民莫能當善善之難當如此而謂萬民之性

皆能當之過矣質於禽獸之性則萬民之性善矣質於人道之善則民性弗及也萬民之性善於禽獸者許之聖人之所謂善者勿許吾質之命性者異孟子孟子下質於禽獸之所爲故曰性已善吾上質於聖人之所善故謂性未善善過性聖人過善春秋大元故謹於正名名非所始如之何謂未善已善也深察名號孔子曰名不正則言不順今謂性已善不幾於無教而如其自然又不順於爲政之道矣且名者性之實實者性之質質無敎之時何遽能善善如米性如禾禾雖出米而禾未可謂米也性雖出善而性未可謂善也米與善人之繼天而成於外也非在天所爲之內也天所爲有所至而止止之內謂之天止之外謂之王敎王敎在性外而性不得不遂故曰性有善質而未能爲善也豈敢美辭其實然也天之所爲止於繭麻與禾以麻爲布

以繭爲絲以米爲飯以性爲善此皆聖人所繼天而進也非情
性質樸之能至也故不可謂性正朝夕者視北辰正嫌疑者視
聖人聖人之所名天下以爲正今按聖人之言中本無性善名
而有善人吾不得見之矣使萬民之性皆已能善善人者何爲
不見也觀孔子言此之意以爲善難當甚而孟子以爲萬民性
皆能當之過矣聖人之性不可以名性斗筲之性又不可以名
性名性者中民之性中民之性如繭如卵卵待復二十日而後
能爲雛繭待繅以涫湯而後能爲絲性待漸於教訓而後能爲
善善教誨之所然也非質樸之所能至也故不謂性性者宜知
名矣無所待而起生而所自有也善所自有則教訓已非性也
是以米出於粟而粟不可謂米玉出於璞而璞不可謂玉善出
於性而性不可謂善其比多在物者爲然在性者以爲不然何

小通於類也卵之性未能作雛也繭之性未能作絲也蔴之性未能爲縷也粟之性未能爲米也春秋別物之理以正其名名物必各因其眞眞其義也眞其情也乃以爲名名霣石則後其五退飛則先其六此皆其眞也聖人於言無所苟而已矣性者天質之樸也善者王教之化也無其質則王教不能化無其王教則質樸不能善質而不以善性其名不正故不受也性實

荀子性者本始質樸也卽天質之樸也僞者文理隆盛也卽王教之化也故劉向謂仲舒作書美荀卿也然無其質則王教不能化乃孟子之說則辨名雖殊而要歸則一也

性善

人受命於天有善善惡惡之性可養而不可改可豫而不可去若形體之可肥臞而不可得革也玉杯

董子發此是性善之說孔門固有之蓋旣以爲人副天數自貴於物則不能不以性爲善矣但所異者此善卽孟子所謂善端荀子所謂質樸其加之綱紀禮文所謂聖人之善乃所謂教以繼之成之也然則諸儒之辨正可得其會通而無容增其辨難矣

天下者無患然後性可善性可善然後淸廉之化流盟會要

因性

因天地之性情孔竅之所利保位權

中庸謂率性之謂道聖人之爲道亦但因民性之所利而利導之因孔竅尤精聖人所以不廢聲色可謂以人治人也

明人性之施

是以必明其統於施之宜故箸其氣矣然後能食其志也知其

聲矣而後能扶其精也知其行矣而後能遂其形也知其物矣
然後能別其情也故唱而民和之動而民隨之是知引其天性
所好而壓其情之所憎者也如是則言雖約說必布矣事雖小
功必大矣聲響盛化運於物散入於理德在天地神明休集并
行而不竭盈於四海而頌聲詠書曰八音克諧無相奪倫神人
以和乃是謂也故明於情性乃可與論爲政不然雖勞無功夙
夜無寤思慮惓心猶不能睹正貫

引天性之所好而壓其情之所憎率性爲之道不可離既不
可離故唱而民和動而民隨吾向謂凡道民者因人情所必
趨物性所不能遁者其道必行所謂言雖約說必布人之爲
道而遠人不可以爲道精義妙道眞能發明孔子立教之本
也

性情

變謂之情雖持異物性亦然者故曰內也變變之變謂之外故

雖以情然不爲性說天道施

董氏學卷六上

弟子梁應騮陳國鏞初校

弟子王覺任康同勤覆校

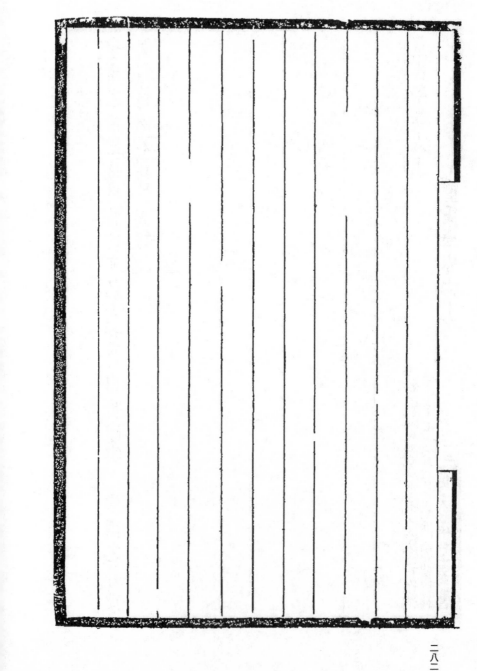

南海康有爲廣厦學　一名祖詒

春秋微言大義第六下

仁

治其道而以出法治其志而歸之於仁仁之美者在於天天仁也天覆育萬物既化而生之有養而成之事功無已終而復始凡舉歸之以奉人察於天之意無窮極之仁也人之受命於天也取仁於天而仁也是故人之受命天之尊父兄子弟之親有忠信慈惠之心有禮義廉讓之行有是非順逆之治文理燦然而厚知廣大有而博惟人道可以參天王道通

尸子曰孔子本仁凡聖人立教必有根本老子以天地爲不仁孔子以天地爲仁此宗旨之異處取仁於天而仁此爲道本故孟子曰道　仁與不仁而已矣凡百條理從此出矣仁

莫先父子故謂堯舜之道孝弟而已是以制三年喪而作孝經仁莫大於愛民所謂孝子不匱永錫爾類是以制井田而作春秋中庸所謂經天下之大經鄭注春秋也立天下之大本也鄭注孝經也至山川草木昆蟲鳥獸莫不一統太平之世大小遠近若一大同之治不獨親其親子其子老有所終壯有所用鰥寡孤獨廢疾者有養則仁參天矣後世不通孔子大道之原自隘其道自私爲我已遁爲老學而尙託於孔子之道誣孔子哉孔子之道衰自大義不明始也

霸王之道皆本於仁仁天心故次以天心俞序

天地之數不能獨以寒暑成歲必有春夏秋冬聖人之道不能獨以威勢成政必有教化故曰先之以博愛教之以仁也爲人者天

宋儒求之過深仁無定義昌黎曰博愛之謂仁雖出韓非實

出孝經也

何謂仁仁者惻怛愛人謹翕不爭好惡敦倫無傷惡之心無隱忌之志無嫉妒之氣無感愁之欲無險詖之事無辟違之行故其心舒其志平其氣和其欲節其事易其行道故能平易和理而無爭也如此者謂之仁必仁且智

宋儒之說釋仁爲德爲覺更無定義此發仁之義最詳博可以此定之

仁愛

質於愛民以下至於鳥獸昆蟲莫不愛不愛奚足謂仁仁者愛人之名也仁義法

易曰書不盡言言不盡意學聖人者以得聖意爲貴孔子之道最重仁人者仁也然則天下何者爲大仁何者爲小仁鳥

獸昆蟲無不愛上上也凡吾同類大小遠近若一上中也愛
及四夷上下也愛諸夏中上也愛其國中中也愛其鄉中下
也愛旁側下上也愛獨身下中也愛身之一體下下也可爲
表表之推遠庖廚之義孔子不殺生之意顯矣但孔子因民
性情孔竅之所利使道易行耳不愛鳥獸昆蟲不足謂仁惡
殺昭昭哉後世不通孔子三世之義泥亂世昇平之文反割
放生爲佛教宜孔子之道日隘也

六經重仁

所聞詩無達詁易無達占春秋無達辭從變從義而一以奉仁
人精華

疾不仁

孔子明得失見成敗疾時世之不仁俞序

昔者魯君問於柳下惠曰我欲攻齊如何柳下惠對曰不可退而有憂色曰吾聞之也謀伐國者不問於仁人也此何為至於我但見問而尚羞之而況乃與為詐以伐吳乎其不宜明矣以此觀之越本無一仁而安得三仁仁人者正其道不謀其利修其理不急其功致無為而習俗大化可謂仁聖矣三王是也對膠西王

孔子言義理而不計利害行一不義殺一不辜而得天下不為有能為君闢土地戰必克古之所謂民賊孔門莫大之義也

禮者庶於仁文質而成體者也今使人相食大失其仁安著其禮方救其質奚恤其文故曰當仁不讓此之謂也竹林

今讓者春秋之所貴雖然見人相食驚人相爨救之忘其讓君

子之道有貴於讓者也同上

禮文讓皆以仁爲體故孔子本仁後世漸用禮文而忘仁所是遂末而忘本買櫝而還珠失孔子之意矣

仁義

春秋之所治人與我也所以治人與我者仁與義也以仁安人以義正我故仁之爲言人也義之爲言我也言名以別矣仁之於人義之於我者不可不察也衆人不察乃反以仁自裕而以義設人詭其處而逆其理鮮不亂矣是故人莫欲亂而大抵常亂凡以闇於人我之分而不省仁義之所在也是故春秋爲仁義法仁之法在愛人不在愛我義之法在正我不在正人我不自正雖能正人弗與爲義人不被其愛雖厚自愛不予爲仁昔者晉靈公殺膳宰以淑飲食彈大夫以娛其意非不厚自愛也

然而不得爲淑人者不愛人也質於愛民以下至於鳥獸昆蟲莫不愛不愛奚足謂仁仁者愛人之名也鄭傳無大之之辭自爲追則善其所恤遠也兵已加焉乃往救之則弗美未致豫備之則美之善其救害之先也夫救早而先之則害無由起而天下無害矣然則觀物之動而先覺其萌絕亂塞害於將然而未行之時春秋之志也其明至矣非堯舜之智知禮之本孰能當此故救害而先知之明也公之所恤遠如春秋美之詳其美恤遠之意則天地之間然後快其仁矣非三王之德選賢之精孰能如此是以知明先以仁厚遠遠而愈賢近而愈不肖者愛也故王者愛及四夷霸者愛及諸侯安者愛及封內危者愛及旁側亡者愛及獨身獨身者雖立天子諸侯之位一夫之人耳無臣民之用矣如此者莫之亡而自亡也春秋不言伐梁者而言

梁亡蓋愛獨及其身者也故曰仁者愛人不在愛我此其法也
義云者非謂正人謂正我雖有亂世枉上若不欲正人奚謂義
昔者楚靈王討陳蔡之賊齊桓公執袁濤塗之罪非不能正人
也然而春秋弗予不得爲義者我不正也闔廬能正楚蔡之難
矣而春秋奪之義辭以其身不正也潞子之於諸侯無所能正
春秋予之有義其身正也趨而利也故曰義在正我不在正人
此其法也夫我無之求諸人我有之而誹諸人人之所不能受
也其理逆矣何可謂義義者謂宜在我者宜在我者而後可以
稱義故言義者合我與宜以爲一言以此操之義之爲言我也
故曰有爲而得義者謂之自得有爲而失義者謂之自失人好
義者謂之自好人不好義者謂之不自好以此參之義我也明
矣是義與仁殊仁謂往義謂來仁大遠義大近愛在人謂之仁

義在我謂之義仁主人義主我也故曰仁者人也義者我也此之謂也君子求仁義之別以紀人我之閒然後辨乎內外之分而著於順逆之處也是故內治反理以正身據禮以勸福外治推恩以廣施寬制以容衆孔子謂冉子曰治民者先富之而後加敎語樊遲曰治身者先難後獲以此之謂治身之與治民所先後不同焉矣詩云飲之食之敎之誨之先飲食而後敎誨謂治人也又曰坎坎伐輻彼君子兮不素餐兮先其事後其食謂之治身也春秋刺上之過而矜下之苦小惡在外弗舉在我書而誹之凡此六者以仁治人義治我躬自厚而薄責於外此之謂也且論己見之而人不察曰君子攻其惡不攻人之惡非仁之寬與自攻其惡非義之全與此之謂仁造人義造我何以異乎故自稱其惡謂之情稱人之惡謂之賊求諸己謂之厚求諸

人謂之薄自責以備謂之明責人以備謂之惑是故以自治之節治人是居上不寬也以治人之度自治是爲禮不敬也爲禮不敬則傷行而民不尊居上不寬則傷厚而民弗親弗親則弗信弗尊則弗敬二端之正佹於上而僻行之則誹於下仁義之處可無論乎夫目不視弗見心弗論不得雖有天下之至味弗嚼弗知其旨也雖有聖人之至道弗論不知其義也仁義法

中庸仁者人也注人也讀如相人偶之人以人意相存問之言春秋元命苞仁者情志好生愛人故其爲人以仁其立字二人爲人注二人言不專於己念施與也孔門確詁聞其名而達其義愛從人我兩立而生若大地只有我而無他人則仁可廢矣其如不然何

義

天之生人也使之生義與利利以養其體義以養其心心不得義不能樂體不得利不能安義者心之養也利者體之養也體莫貴於心故養莫重於義義之養生人大於利矣何以知之今人有大義而甚無利雖貧與賤尚榮其行以自好而樂生原憲曾閔之屬是也人甚有利而大無義雖甚富則羞辱大惡惡深禍患重非立死其罪者卽旋傷殃憂爾莫能以樂生而終其身刑戮夭折之民是也夫人有義者雖貧能自樂也而大無義者雖富莫能自存吾以此實義之養生人大於利而厚於財也民不能知而常反之皆忘義而徇利去理而走邪以賊其身而禍其家此非其自爲計不忠也則其知之所不能明也今握棗與錯金以示嬰兒必取棗而不取金也握一斤金與千萬之珠以示野人野人必取金而不取珠也故物之於人小者易知也其

大者難見也今利之於人小而義之於人大者無怪民之皆趨利而不趨義也固其所闇也聖人事明義以炤燿其所闇故民不陷詩云示我顯德行此之謂也（身之養）

心有知者也體無知者也物無知而人有知故人貴於物知人貴於物則知心貴於體矣

義利

凡人之性莫不善義然而不能義者利敗之也故君子終日言不及利欲以勿言愧之而已愧之以塞其源也（玉英）

君子篤於禮薄於利要其人不要其土告從不赦不祥（王道）

崇義抑利之說與孟子同為孔門大義

智

何謂之知先言而後當凡人欲舍行為皆以其知先規而後為

之其規是者其所爲得其所事當其行遂其名榮其身故利而無患禍及子孫德加萬民湯武是也其規非者其所爲不得其事其事不當其行不遂其名辱害及其身絕世無復殘類滅宗亡國是也故曰莫急於智知者見禍福遠其知利害蚤物動而知其化事興而知其歸見始而知其終言之無敢譁立之而不可廢取之而不可舍前後不相悖終始有類思之而有復及之而不可厭其言寡而足約而喻簡而達省而具少而不可益多而不可損其動中倫其言當務如是者謂之知必仁且智

王陽明先知而後行程子曰未能知說甚行後人多異之豈知先發於董子哉欲舍行爲舍知何所下手此天然之理也見禍福遠知利害早見始知終立之無廢智之條理最博而深矣

夫能通古今別然不然服制象

通古今別然否曰士然則士以智爲先矣

仁智

莫近於仁莫急於智不仁而有勇力財能則狂而操利兵也不智而辨慧獧給則迷而乘良馬也故不仁不智而有材能將以其材能以輔其邪狂之心而贊其僻違之行適足以大其非而甚其惡耳其強足以覆過其禦足以犯詐其慧足以惑愚其辨足以飾非其堅足以斷辟其嚴足以拒諫此非無材能也其施之不當而處之不義也有否心者不可藉便埶其質愚者不與利器論之所謂不知人也者恐不知別此等也仁而不知則愛而不別也知而不仁則知而不爲也故仁者所以愛人類也智者所以除其害也必仁且智

孔子多言仁智孟子多言仁義然禽獸所以異於人者爲其不智也故莫急哉然知而不仁則不肯下手如老氏之取巧仁而不知則慈悲舍身如佛氏之衆生平等二言莞天下之道術矣孔子之仁專以愛人類爲主其智專以除人害爲先此孔子大道之莞轄也

義智

義不訕上智不危身楚莊王

禮

禮者繼天地體陰陽而愼主客序尊卑貴賤大小之位而差內外遠近新舊之級者也奉本

董子非禮學專家而說禮卽精大道祇有仁義仁者人也義者我也禮者所以治人我對立人我對立則有條理自然有

尊卑貴賤大小內外遠近新舊禮者所以爲其位級言禮者

簡易直當莫尚於此

天道施地道化人道義聖人見端而知本精之至也得一而應萬類之治也動其本者不知靜其末受其治者不能辭其終利者盜之本也妄者亂之始也夫受亂之始動盜之本而欲民之靜不可得也故君子非禮而不言非禮而不動好色而無禮則流飲食而無禮則爭流爭則亂故禮體情而防亂者也民之情不能制其欲使之之度禮目視正色耳聽正聲口食正味身行正道非奪之情也所以安其情也天道施

非禮勿言非禮勿動乃與顏子同說

常變禮

春秋有經禮有變禮爲知安性平心者經禮也至有於性雖不

安於心雖不平於道無以易之此變禮也是故昏禮不稱主人經禮也辭窮無稱稱主人變禮也天子三年然後稱王經禮也有物故則未三年而稱王變禮也婦人無出境之事經禮也母爲子娶婦奔喪父母變禮也明乎經變之事然後知輕重之分可與適權矣難者曰春秋事同者辭同此四者俱爲變禮而或達於經或不達於經何也曰春秋理百物辨品類別嫌微修本末者也是故星墜謂之隕螽墜謂之雨其所發之處不同或降於天或發於地其辭不可同也今四者俱爲變禮也同而其所發亦不同或發於男或發於女其辭不可同也是或達於常或達於變也玉英

禮信義

春秋尊禮而重信信重於地禮尊於身楚莊王

貴信賤詐

春秋之義貴信而賤詐詐人而勝之雖有功君子弗爲也是以仲尼之門五尺之童子言羞稱五伯爲其詐以成功苟爲而已矣對膠西王

宋襄之敗而春秋美之左氏乃譏宋襄何其好惡與聖人相反也

恕

故世子曰功及子孫光輝百世聖王之道莫美於恕俞序

己所不欲勿施於人己欲立而立人推心加彼理明道順終身可行故仲弓可南面三王大過人

正

正也者正於天之爲人性命也天之爲人性命使行仁義而羞

可恥非若鳥獸然苟爲生苟爲利而已竹林

乾道變化各正性命位有正當既爲人位則以仁義羞恥爲正位矣

正者正也統致其氣萬物皆應而正統正其餘皆正凡歲之要在正月也法正之道正本而末應正內而外應動作舉錯靡不變化隨從可謂法正也三代改制

一

天無常於物而一於時時之所宜而一爲之故開一塞一起一廢一至畢時而止終有復始於一一者一也是故天凡在陰位者皆惡亂善不得主名天之道也故常一而不滅天之道事無大小物無難易反天之道無成者是以目不能二視耳不能二聽一手不能二事一手畫方一手畫圓莫能成人爲小易之物

而終不能成反天之不可行如是是故古之人物而書文心止於一中者謂之忠持二中者謂之患患人之中不一者也不一者故患之所由生也是故君子賤二而貴一人孰無善善不一故不足以立身治孰無常常不一故不足以致功詩云上帝臨汝無二汝心知天道者之言也天道無二

賤二貴一是孔子改制之旨孟子定於一公羊大一統皆發此義

中和

循天之道以養其身謂之道也天有兩和以成二中歲立其中用之無窮是北方之中用合陰而物始動於下南方之中用合陽而養始美於上其動於下者不得東方之和不能生中春是也其養於上者不得西方之和不能成中秋是也然則天地之

美惡在兩和之處二中之所來歸而遂其爲也是故和東方生而西方成東方和生北方之所起前而西方和成南方之所養長起之不至於和之所不能生養長之不至於和之所不能成成於和生必和也始於中止必中也中者天下之終始也而和者天地之所生成也夫德莫大於和而道莫正於中中者天地之美達理也聖人之所保守也詩云不剛不柔布政優優此非中和之謂歟是故能以中和理天下者其德大盛能以中和養其身者其壽極命循天之道

詩中和且平樂貴中聲貴克諧易以二五中爻爲貴以相和應爲亨天產作中地產作和禮之用和爲貴其節文皆要於中中庸所謂中也者天下之大本和也者天下之達道也取春秋而不取冬夏者爲中和也此孔子大道之本養身參天

皆在此矣

聖德

純仁淯粹而有知之貴也擇於身者盡爲德音發於事者盡爲潤澤積美陽芬香以通之天暘亦取百香之心執贄德音潤澤美陽芬香盛德也上通天暢中和之極其與畸行異矣

玉德

玉至清而不蔽其惡內有瑕穢必見之於外故君子不隱其短不知則問不能則學取之玉也君子比之玉玉潤而不污是仁而至清潔也廉而不殺是義而不害也堅而不磬過而不濡視之如庸展之如石狀如石搔而不可從繞潔白如素而不受污執贄

格物

故曰外物之動性若神之不守也積習漸靡物之微者也其入人不知習忘乃爲常然若性不可不察也純知輕思則慮達節欲順行則倫得以諫爭僩靜爲宅以禮義爲道則文德是故至誠遺物而不與變躬寬無爭而不以與俗推衆强弗能入蜩蛻濁穢之中含得命施之理與萬物遷徙而不自失者聖人之心也天道施

孟子物交物則引之樂記物之感人無窮人之好惡無節則是物至而人化物荀子道之以理養之以淸物莫之傾則足以定是非決嫌疑小物引之則其正外易其心內傾不足以決庶理凡觀物有疑中心不定則外物不淸吾慮不淸則未可定然否志輕理而不重物者無之有也外重物而不內憂

者無之有也以已爲物役重已役物外物動神漸靡入人習忘爲性浸漬至微純知節欲則純想卽飛生於天上也遺物不與變與物遷徙而不自知蜩蛻濁穢則出泥不染入水不濡入火不熱鐵輪雖旋圓明自在天道之極也

五事

衣服容貌者所以悅目也聲言應對者所以悅耳也好惡去就者所以悅心也故君子衣服中而容貌恭則目悅矣言理應對遜則耳悅矣好仁厚而惡淺薄就善人而遠僻鄙則心悅矣故日行意可樂容止可觀此之謂也（爲人者天）

榮辱

故君子生以辱不如死以榮（竹林）

經權

是故天之道有倫有經有權陰陽終始

權

夫權雖反經亦必在可以然之域不在可以然之域故雖死亡終弗爲也公子目夷是也故諸侯父子兄弟不宜立而立者春秋視其國與宜立之君無以異也此皆在可以然之域也至於鄫取乎莒以之爲同居目曰莒人滅鄫此不在可以然之域也故諸侯在不可以然之域者謂之大德大德無踰閑者謂正經諸侯在可以然之域者謂之小德小德出入可也權譎也尙歸之以奉鉅經耳故春秋之道博而要詳而反一也公子目夷復其君終不與國祭仲已與後改之晉荀息死而不聽衛曼姑拒而弗內此四臣者事異而同心其義一也目夷之弗與重宗廟祭仲與之亦重宗廟荀息死之貴先君之命曼姑拒之亦貴先

君之命也事雖相反所爲同俱爲重宗廟貴先君之命耳玉英

權勢

明所從生不可爲源善所從出不可爲端量勢立權因事制義故聖人之爲天下興利也其猶春氣之生草也各因其生小大而量其多少其爲天下除害也若川瀆之寫於海也各順其勢傾側而制於南北故異孔而同歸殊施而鈞德其趣於興利除害一也考功名

孔子創制皆本權勢明善至美不本爲制以權勢者天也氣也聖人受形於氣受理於天斟之酌之因其大小多少以爲宜吾故曰勢生道道生理理生禮勢者道之父而禮之曾祖也

名

治天下之端在審辨大辨大之端在深察名號名者大理之首章也錄其首章之意以窺其中之事則是非可知逆順自著其幾通於天地矣是非之正取之逆順逆順之正取之名號名號之正取之天地天地爲名號之大義也古之聖人謞而效天地謂之號鳴而命施謂之名名之爲言鳴與命也號之爲言謞而效也謞而效天地者爲號鳴而命者爲名名號異聲而同本皆鳴號而達天意者也天不言使人發其意弗爲使人行其中名則聖人所發天意不可不深觀也受命之君天意之所予也故號爲天子者宜事天如父事天以孝道也號爲諸侯者宜謹視所候奉之天子也號爲大夫者宜厚其忠信敦其禮義使善大於匹夫之義足以化也士者事也民者瞑也士不及化可使守事從上而已五號自讚各有分分中委曲曲有名名衆於號號

其大全瞑也者名其別離分散也號凡而略名詳而目目者偏
辨其事也凡者獨舉其大事也享鬼神者號一曰祭祭之散名
春曰礿夏曰禘秋曰嘗冬曰烝原本春曰祠夏曰礿今依宋本改正其他條亦作春祠夏礿者皆古文家依周禮改之據禮記王制祭義無不作春曰礿夏曰禘秋曰嘗冬曰烝禘嘗無不對舉也獵禽獸者號
一曰田田之散名春苗秋蒐冬狩夏獮盧注按此從公羊說故與左氏傳爾雅異夏獮二字當是後人妄加以爲衍文可也無有不皆中天意者物莫不有凡號號莫不
有散名如是深察名號
春秋辨物之理以正其名名物如其眞不失秋毫之末故名霣
石則後其五言退鷁則先其六聖人之謹於正名如此君子於
其言無所苟而已五石六鷁之辭是也
名生於眞非其眞弗以爲名名者聖人之所以眞物也名之爲
言眞也故凡百譏有黮黮者各反其眞則黮黮者還昭昭耳欲

審曲直莫如引繩欲審是非莫如引名名之審於是非也猶繩之審於曲直也詰其名實觀其離合則是非之情不可以相讕已並同上

是故治國之端在正名名之正興五世五傳之外美惡乃形可謂得其眞矣非子路之所能見玉英

名者所以別物也親者重疏者輕尊者文卑者質近者詳遠者略文辭不隱情明情不遺文人心從之而不逆古經通貫而不亂名之義也男女猶道也人生別言禮義名號之由人事起也不順天道謂之不義察天人之分觀道命之異可以知禮之說矣見善者不能無好見不善者不能無惡好惡去就不能堅守故有人道人道者人之所由樂而不亂復而不厭者萬物載名而生聖人因其象而命之然而可易也皆有義從也故正名以

明義也物也者洪名也皆名也而物有和名此物也非失物 天道

施

無名姓號氏於天地之間至賤乎賤者也 順命

今一切名物皆孔子正之故曰名不正則言不順言不順則事不成荀子有正名篇與董子相表裏也

名分

大小不踰等貴賤如其倫 精華

不以親害尊不以私妨公也 順命

故德侔天地者皇天右而子之號稱天子其次有五等之爵以尊之皆以國邑爲號其無德於天地之間者州國人民甚者不得繫國邑皆絕骨肉之屬離人倫謂之閽盜而已 順命

教

傳曰政有三端父子不親則致其愛慈大臣不和則敬順其禮百姓不安則力其孝弟孝弟者所以安百姓也力者勉行之身以化之天地之數不能獨以寒暑成歲必有春夏秋冬聖人之道不能獨以威勢成政必有教化故曰先之以博愛教之以仁也難得者君子不貴教以義也雖天子必有尊也教以孝也必有先也教以弟也此威勢之不足獨恃而教化之功不大乎傳曰天生之地載之聖人教之君者民之心也民者君之體也心之所好體必安之君之所好民必從之故君民者貴孝弟而好禮義重仁廉而輕財利躬親職此於上而萬民聽生善於下矣故曰先王見教之可以化民也此之謂也爲人者天

聖人之道眾隄防之類也度制

夫萬民之從利如水之走下不以教化隄防之不能止也是

故敎化立而姦邪皆止者其隄防完也敎化廢而姦邪並出
刑罰不能勝者其隄防壞也

敎化流行德澤大洽天下之人人有士君子之行而少過矣俞序

有欲

故聖人之制民使之有欲不得過節使之敦朴不得無欲無欲
有欲各得以足而君道得矣保位權

君子議道自己而制法以民使民有欲順天性也不得過節
成人理也若夫爲己則遺物蜕穢以無欲爲貴欲爲民者有
欲欲爲聖人者無欲也

天君人

春秋之法以人隨君以君隨天曰緣臣民之心不可一日無君
一日不可無君而猶三年稱子者爲君心之未當立也此非以

人臨君即孝子之心三年不當三年不當而踰年即位者與天數俱終始也此非以君隨天耶故屈民而伸君屈君而伸天春秋之大義也玉杯

傳曰唯天子受命於天天下受命於天子一國則受命於君君命順則民有順命君命逆則民有逆命故曰一人有慶萬民賴之此之謂也爲人者天

統

百禮之貴皆編於月月編於時時編於君君編於天觀德

道大一統無不統於天故孔子本天

唯田邑之稱多者主名君將不言臣臣不言師王夷君獲不言師敗奉本

其得地體者莫如山阜人之得天得衆者莫如受命之天子下

至公侯伯子男海內之心懸於天子疆內之民統於諸侯上同

綱統

天之所棄天下弗祐桀紂是也天子之所誅絕臣子弗得立蔡世子逢丑父是也王父父所絕子孫不得屬魯莊公之不得念母衛輒之辭父命是也故受命而海內順之德觀

故有大罪不奉其天命者皆棄其天倫人於天也以道受命其於人以言受命不若於道者天絕之不若於言者人絕之臣子大受命於君辭而出疆唯有社稷國家之危猶得發辭而專安之盟是也天子受命於天諸侯受命於天子子受命於父臣妾受命於君妻受命於夫諸所受命者其尊皆天也雖謂受命於天亦可天子不能奉天之命則廢而稱公王者之後是也公侯不能奉天子之命則名絕而不得就位衛侯朔是也子不奉父

命則有伯討之罪衛世子蒯聵是也臣不奉君父雖善以叛言晉趙鞅入於晉陽以叛是也妾不奉君之命則媵女先至者是也妻不奉夫之命則絕夫不言及是也曰不奉順於天者其罪如此順命

所尊皆天亦統於天也

三綱

是故仁義制度之數盡取之天天為君而覆露之地為臣而持載之陽為夫而生之陰為婦而助之春為父而生之夏為子而養之秋為死而棺之冬為痛而喪之王道之三綱可求於天基義

天出至明眾知類也其伏無不炤也地出至晦星日為明不敢闇君臣父子夫婦之道取之此大禮之終也觀德

陰道無所獨行其始也不得專起其終也不得分功有所兼之

義是故臣兼功於君子兼功於父妻兼功於夫陰兼功於陽地兼功於天（基義）

父子

是故父之所生其子長之父之所長其子養之父之所養其子成之諸父所爲其子皆奉承而續行之不敢不致如父之意盡爲人之道也故五行者五行也由此觀之父授之子受之乃天之道也（五行對）

事父母

孝經之語曰事父孝故事天明事天與父同禮也（堯舜湯武）

忠孝

是故木受水而火受木土受火金受土水受金也諸授之者皆其父也受之者皆其子也常因其父以使其子天之道也是故

木已生而火養之金已死而木藏之火樂木而養以陽水克金而喪以陰土之事天竭其忠故五行者乃孝子忠臣之行也五行之爲言也猶五行歟是故以得辭也聖人知之故多其愛而少嚴厚養生而謹送終就天之制也以子而迎成養如火之樂木也喪父如水之克金也事君若土之敬天也可謂有行人矣五行之義

多愛少嚴養生謹終就天之制蓋制度皆本於天非孔子所自創不過孔子代天言耳

是故雖有至賢能爲君親含容其惡不能爲君親令無惡書曰厥辟不辟去厥祗事親亦然皆忠孝之極也非至賢安能如是父不父則子不子君不君則臣不臣耳文公不能服喪不時奉祭不以三年又以喪取取於大夫以卑宗廟亂其羣祖以逆先

男女

是故古之人霜降而迎女冰泮而殺內與陰俱近與陽遠也天地之氣不致盛滿不交陰陽是故君子甚愛氣而游於房以體天也氣不傷於以盛通而傷於不時天并不與陰陽俱往來謂之不時恣其欲而不顧天數謂之天并君子治身不敢違天是故新牡十日而一遊於房中年者倍新牡始衰者倍中年中衰者倍始衰大衰者以月當新牡之日而上與天地同節矣循天之道

陽氣起於北方至南方而盛盛極而合乎陰陰氣起乎中夏至中冬而盛盛極而合乎陽不盛不合是故十月而壹俱盛終歲而乃再合天地久節以此為常是故先法之內矣養身以全使男子不堅牡不家室陰不極盛不相接是故身精明難衰而堅

固壽考無忒此天地之道也天地先盛牡而後施精故其精固
地氣盛牝而後化故其化良（同上）
推陰陽中和之理以定男女之道造端夫婦語小無不破也

師

是故善爲師者既美其道有愼其行齊時早晚任多少適疾徐
造而勿趨稽而勿苦省其所爲而成其所湛故力不勞而身大
成此之謂聖化吾取之（玉杯）
任多少適疾徐中和之道然也

君臣

故爲人主者法天之行是故內深藏所以爲神外博觀所以爲
明也任羣賢所以爲受成乃不自勞於事所以爲尊也汎愛羣
生不以喜怒賞罰所以爲仁也故爲人主者以無爲爲道以不

私爲寳立無爲之位而乘備具之官足不自動而相者導進口不自言而擯者贊辭心不自慮而羣臣效當故莫見其爲之而功成矣此人主所以法天之行也爲人臣者法地之道暴其形出其情以示人高下險易堅耎剛柔肥臞美惡累可就財也故其形宜不宜可得而財也爲人臣者比地貴信而悉見其情於主主亦得而財之故王道威而不失爲人臣常竭情悉力而見其短長使主上得而器使之而猶地之竭竟其情也故其形宜可得而財也離合根

君臣之道法於天地凡孔子一切創法立制之本皆是則是天道非孔子道矣

爲人君者其法取象于天也故貴爵而臣國所以爲仁也深居隱處不見其體所以爲神也任賢使能觀聽四方所以爲明也

量能授官賢愚有差所以相承也引賢自近以備股肱所以爲剛也考事實功次序殿最所以成世也有功者進無功者退所以賞罰也是故天執其道爲萬物王君執其常爲一國主天不可以不剛主不可以不堅天不剛則列星亂其行主不堅則邪臣亂其官星亂則亡其天臣亂則亡其君故爲天者務剛其氣爲君者務堅其政剛堅然後陽道制命地卑其位而上其氣暴其形而著其情受其死而獻其生成其事而歸其功卑其位所以事天也上其氣所以養陽也暴其形所以爲忠也著其情所以爲信也受其死所以藏終也獻其生所以助明也成其事所以助化也歸其功所以致義也爲人臣者其法取象於地故朝夕進退奉職應對所以事貴也供設飲食候視疢疾所以致養也委身致命事無專制所以爲忠也竭愚寫情不飾其過所以

爲信也伏節死義難不惜其命所以救窮也推進光榮褒揚其
善所以助明也受命宣恩輔成君子所以助化也功成事就歸
德於上所以致義也是故地明其理爲萬物母臣明其職爲一
國宰毋不可以不信宰不可以不忠毋不信則草木傷其根宰
不忠則姦臣危其君根傷則亡其枝葉君危則亡其國故爲地
者務暴其形爲臣者務著其情一國之君其猶一體之心也隱
居深宮若心之藏於胸至貴無與敵若心之神無與雙也其官
人上士高清明而下重濁若身之貴目而賤足也任羣臣無所
親若四肢之各有職也內有四輔若心之有脈肝脾腎也外有
百官若心之有形體孔竅也親聖近賢若神明皆聚於心也上
下相承順若肢體相爲使也布恩施惠若元氣之流皮毛腠理
也百姓皆得其所若血氣和平形體無所苦也無爲致太平若

神氣自通於淵也致黃龍鳳皇若神明之致玉女芝英也君明臣蒙其功若心之神體得以全臣賢君蒙其恩若形體之靜而心得以安上亂下被其患若耳目不聰明而手足為傷也臣不忠而君滅亡若形體妄動而心為之喪是故君臣之禮若心之與體心不可以不堅君不可以不賢體不可以不順臣不可以不忠心所以全者體之力也君所以安者臣之功也 天地之行

是故春秋君不名惡臣不名善善皆歸於君惡皆歸於臣臣之義比於地 陽尊陰卑

故功出於臣名歸於君也 保位權

故師出者衆矣莫言還至師及齊師圍郕郕降于齊師獨言還其君劫外不得已故可直言也至於他師皆其君之過也而曰非師之罪是臣下之不為君父受罪罪不臣子莫大焉 奉本

爲人君者其要貴神神者不可得而視也不可得而聽也是故
視而不見其形聽而不聞其聲聲之不聞故莫得其響不見其
形故莫得其影莫得其影則無以曲直也莫得其響則無以清
濁也無以曲直則其功不可得而敗無以清濁則其名不可得
而度也所謂不見其形者非不見其進止之形也言其所以進
止不可得而見也所謂不聞其聲者非不聞其號令之聲也言
其所以號令不可得而聞也不見不聞是謂冥昏能冥則明能
昏則彰能冥能昏是謂神人君貴居冥而明其位處陰而向陽
惡人見其情而欲知人之心是故爲人君者執無源之慮行無
端之事以不求奪以不問問吾以不求奪則我利矣彼以不出
出則彼費矣不以不問問則我神矣彼以不對對則彼情矣故
終日問之彼不知其所對終日奪之彼不知其所出吾則以明

而彼不知其所亡故人臣居陽而爲陰人君居陰而爲陽陰道尙形而露情陽道無端而貴神立元神

董子此義實同老氏而推陰陽之義應有此蓋孔子道無不包老氏則專提此義也

王

古之造文者三畫而連其中謂之王三畫者天地與人也而連其中者通其道也取天地與人之中以爲貫而參通之非王者孰能當是王道通

明堂爲孔子所創閏月王立門中爲孔子所創孔子重王三畫連中通天地人殆亦孔子所創矣

道王道也王者人之始也王正則元氣和順風雨時景星見黃龍下王不正則上變天賊氣并見王道

深察王號之大意其中有五科皇科方科匡科黃科往科合此五科以一言謂之王王者皇也王者方也王者匡也王者黃也王者往也是故王意不普大皇則道不能正直而方道不能正直而方則德不能匡運周徧德不匡運周徧則美不能黃美不能黃則四方不能往四方不能往則不全於王故曰天覆無外地載兼愛風行令而一其威雨布施而均其德王術之謂也深察名號

天下歸往謂之王人人歸孔子不可謂非王矣人人欲叛之雖戴黃屋謂之獨夫地載兼愛以爲王術然則孔子本仁最重兼愛不得詆爲墨道矣

置王於春正之間非曰上奉天施而下正人然後可以爲王也云爾竹林

王道

五帝三皇之治天下不敢有君民之心什一而稅敎以愛使以忠敬長老親親而尊尊不奪民時使民不過歲三日民家給人足無怨望忿怒之患强弱之難無讒賊妬嫉之人民修德而美好被髮銜哺而游不慕富貴恥惡不犯父不哭子兄不哭弟毒蟲不螫猛獸不搏鷙蟲不觸故天爲之下甘露朱草生醴泉出風雨時嘉禾興鳳凰麒麟遊於郊囹圄空虛畫衣裳而民不犯四夷傳譯而朝民情至朴而不文郊天祀地秩山川以時至封於泰山禪於梁父立明堂宗祀先帝以祖配天天下諸侯各以其職來祭貢土地所有先以入宗廟端冕盛服而後見先德恩之報奉元之應也王道

不敢有君民之心蓋聖人以爲吾亦一民偶然在位但欲爲

民除患非以爲尊利也此爲孔子微言後世不知此義藉權
勢以自尊務立法以制下公私之判自此始矣
文中子謂封禪非古其秦皇漢武之侈心以董子考之此乃
孔子之制孔子發明三統著天命之無常三代以上七十二
君九皇六十四民變更多矣使王公戒懼黎民勸勉新王受
命特祀封禪蓋爲非常之巨典今學不明久矣王道未足以
知之
聖王
故聖王在上位天覆地載風令雨施雨施者布德均也風令者
言令直也詩云不識不知順帝之則言弗能知識而效天之所
爲云爾禹水湯旱非常經也適遭世氣之變而陰陽失平堯視
民如子民視堯如父尚書曰二十有八載放勳乃殂落百姓如

喪考妣四海之內閼密八音三年三年陽氣厭於陰陰氣大興此禹所以有水名也桀天下之殘賊也湯天下之盛德也天下除殘賊而得盛德大善者再是重陽也故湯有旱之名皆適遭之變非禹湯之過毋以適遭之變疑平生之常則所守不失則正道益明（煖煥孰多）

德侔天地者稱皇帝天佑而子之號稱天子故聖王生則稱天子崩遷則存爲三王絀滅則爲五帝下至附庸絀爲九皇下極其爲民有一謂之三代故雖絕地廟位祝牲猶列於郊號宗於代宗故曰聲名魂魄施於虛極壽無疆（三代改制）

皇帝之名孔子所立李斯佐始皇而用之三王五帝九皇六十四民廟位祝祝郊壽於無疆列代帝王廟所由來也

君

君人者國之元發言動作萬物之樞機樞機之發榮辱之端也失之豪釐駟不及追故爲人君者謹本詳始敬小愼微志如死灰形如委衣安精養神寂寞無爲休形無見影揜聲無出響虛心下士觀來察往謀於衆賢考求衆人得其心偏見其情察其好惡以參忠佞考其往行驗之於今計其蓄積受於先賢釋其讎怨視其所爭差其黨族所依爲臬據位治人用何爲名累日積久何功不成可以內參外可以小占大必知其實是謂開闔

君人者國之本也夫爲國其化莫大於崇本崇本則君化若神不崇本則君無以兼人無以兼人雖峻刑重誅而民不從是所謂驅國而棄之者也患孰甚焉何謂本曰天地人萬物之本也天生之地養之人成之天生之以孝悌地養之以衣食人成之以禮樂三者相爲手足合以成體不可一無也無孝悌則亡其

所以生無衣食則亡其所以養無禮樂則亡其所以成也三者皆亡則民如麋鹿各從其欲家自爲俗父不能使子君不能使臣雖有城郭名曰虛邑如此者其君枕塊而僵莫之危而自危莫之喪而自亡是謂自然之罰自然之罰至裹襲石室分障險阻猶不能逃之也明主賢君必於其信是故肅慎三本郊祀致敬共事祖禰舉顯孝悌表異孝行所以奉天本也秉耒躬耕采桑親蠶墾草殖穀開闢以足衣食所以奉地本也立辟廱庠序修孝悌敬讓明以教化感以禮樂所以奉人本也三者皆奉則民如子弟不敢自專邦如父母不待恩而愛不須嚴而使雖野居露宿厚於宮室如是者其君安枕而臥莫之助而自強莫之綏而自安是謂自然之賞自然之賞至雖退讓委國而去百姓襁負其子隨而君之君亦不得離也故以德爲國者甘於飴蜜

固於膠漆是以聖賢勉而崇本而不敢失也君人者國之證也不可先倡感而後應故居倡之位而不得行倡之勢不居和之職而以和爲德立元神

因國以爲身因臣以爲心以臣言爲聲以臣事爲形保位權

深察君號之大意其中亦有五科元科原科權科温科羣科合此五科以一言謂之君君者元也君者原也君者權也君者温也君者羣也是故君意不比於元則動而失本動而失本則所爲不立所爲不立則不效於原不效於原則自委舍自委舍則化不行用權於變則失中適之宜失中適之宜則道不平德不温道不平德不温則衆不親安衆不親安則離散不羣離散不羣則不全於君深察名號

王者往也君者羣也能合人者皆君王哉此孔子之大義也

若人皆欲分散是謂獨夫矣天道自然之名非強加之也可
以算喻之
生育養長成而更生終而復始其事所以利活民者無已天雖
不言其欲贍足之意可見也古之聖人見天意之厚於人也故
南面而君天下必以兼利之爲其遠者目不能見其隱者耳不
能聞於是千里之外割地分民而建國立君使爲天子視所不
見聽所不聞朝夕召而問之也諸侯爲言猶諸侯也諸侯
敎君
君子知在位者之不能以惡服人也是故簡六藝以贍養之玉杯
故人主大節則知闇大博則業厭同上
六經以敎天下之爲君者故文約而法明也凡合人羣者皆
爲君自大夫士有采邑者皆是

君等

故王者愛及四夷霸者愛及諸侯安者愛及封內危者愛及旁

側亡者愛及獨身 仁義法

仁不仁之大小等差此條最明愛及四夷是太平一統之大

道後世專言攘夷者未知此也

不君 王子奪義附

獨身者雖立天子諸侯之位一夫之人耳無臣民之用矣如此

者莫之亡而自亡也春秋不言伐梁者而言梁亡蓋愛獨及其

身者也 仁義法

止愛其身無臣民之用故為獨夫雖在位而如無位雖未亡

而以為亡矣

是故春秋推天地而順人理以至尊為不可以生於至辱大羞

故獲者絕之以至辱爲不可以加於至尊大位故雖失位弗君也已反國復在位矣而春秋猶有不君之辭況其溷然方獲而虜耶其於義也非君定矣竹林

君也者掌令者也令行而禁止也今桀紂令天下而不行禁天下而不止安在其能臣天下也果不能臣天下何謂湯武弒堯舜湯武

食肉不食馬肝不爲不知味論道不及湯武不爲不知道此景帝之嚮言也孔子以天下之民生養覆育付之於君不能養民則失君職一也辱而失位已爲不君二也若令不行禁不止臣民不爲用無君之實謂之獨夫三也況殘害其民直謂之賊天之立王爲何愛於一人使肆民上易曰湯武革命順乎天而應乎人孟子曰聞誅一夫紂耳未聞弒君也此孔

子之大義也

臧孫辰請糴于齊孔子曰君子爲國必有三年之積一年不熟乃請糴失君之職也（王道）

且天之生民非爲王也而天立王以爲民也故其德足以安樂民者天予之其惡足以賊害民者天奪之詩云殷士膚敏祼將于京侯服于周天命靡常言天之無常予無常奪也（堯舜湯武）

君道

民無所好君無以權也民無所惡君無以畏也無以權無以畏則君無以禁制也無以禁制則比肩齊勢而無以爲貴矣故聖人之治國也因天地之性情孔竅之所利以立尊卑之制以等貴賤之差設官府爵祿利五味盛五色調五音以誘其耳目自令清濁昭然殊體榮辱踔然相駁以感動其心務致民令有所

好有所好然後可得而勸也故設賞以勸之有所好必有所惡有所惡然後可得而畏也故設法以畏之既有所勸又有所畏然後可得而制制之者制其所好是以勸賞而不得多也制其所惡是以畏法而不得過也所好多則作福所惡多則作威作威則君亡權天下相怨作福則君亡德天下相賊故聖人之制民使之有欲不得過節使之敦朴不得無欲無欲有欲各得以足而君道得矣（保位權）

聲有順逆必有清濁形有善惡必有曲直故聖人聞其聲則別其清濁見其形則異其曲直於濁之中必見其清於清之中必見其濁於曲之中必知其直於直之中必知其曲於聲無小而不取於形無小而不舉不以著蔽微不以衆揜寡各應其事以致其報黑白分明然後民知所去就民知所去就然後可以致

治是爲象則爲人君者居無爲之位行不言之教寂而無聲靜而無形執一無端爲國源泉因國以爲身因臣以爲心以臣言爲聲以臣事爲形有聲必有響有形必有影聲出於內響報於外形立於上影應於下響有清濁影有曲直響所報非一聲也影所應非一形也故爲君虛心靜處聰聽其響明視其影以行賞罰之象其行賞罰也響清則生清者榮響濁則生濁者辱影正則生正者進影枉則生枉者絀覈名考質以參其實賞不空行罰不虛出是以羣臣分職而治各敬而事爭進其功顯廣其名而人君得載其中此自然致力之術也聖人由之故功出於臣名歸於君也同上

任賢

以所任賢謂之主尊國安所任非其人謂之主卑國危萬世必

然無所疑也其在易曰鼎折足覆公餗夫鼎折足者任非其人也覆公餗者國家傾也是故任非其人而國家不傾者自古至今未嘗聞也故吾按春秋而觀成敗乃切悁悁於前世之興亡也任賢臣者國家之興也夫智不足以知賢無可奈何矣知之不能任大者以死亡小者以亂危其若是何邪以莊公不知季子賢邪安知病將死召而授以國政以殤公爲不知孔父賢邪安知孔父死已必死趨而救之二主知皆足以知賢而不決不能任故魯莊以危宋殤以弒使莊公早用季子而宋殤素任孔父尚將興鄰國豈直免弒哉精華

氣之清者爲精人之清者爲賢治身者以積精爲寶治國者以積賢爲道身以心爲本國以君爲主精積於其本則血氣相承受賢積於其主則上下相制使血氣相承受則形體無所苦上

下掴制使則百官各得其所形體無所苦然後身可得而安也百官各得其所然後國可得而守也夫欲致精者必虛靜其形欲致賢者必卑謙其身形靜志虛者精氣之所趣也謙尊自卑者仁賢之所事也故治身者務執虛靜以致精治國者務盡卑謙以致賢能致精則合明而壽能致賢則德澤洽而國太平通國身

體國之道在於尊神尊者所以奉其政也神者所以就其化也故不尊不畏不神不化夫欲為尊者在於任賢欲為神者在於同心賢者備股肱則君尊嚴而國安同心相承則變化若神莫見其所為而功德成是謂尊神也立元神

天積眾精以自剛聖人積眾賢以自強天序日月星辰以自光聖人序爵祿以自明天所以剛者非一精之力聖人所以強者

非一賢之德也故天道務盛其精聖人務衆其賢盛其精而壹其陽衆其賢而同其心壹其陽然後可以致其神同其心然後可以致其功是以建制之術貴得賢而同心同上

親聖近賢若神明皆聚於心也天地之行

董氏述孔子微言若此從古治國皆在尊賢使能未聞尊資使格也而以崔亮停年孫丕揚掣籤奉爲不易之聖制壞孔子之道而自號爲中國聖人之治法則謬矣

序賢

至德以受命豪英高明之人輻輳歸之高者列爲公侯下至卿大夫濟濟乎哉皆以德序觀德

後世則耆老在位但以資以齒序異哉

託賢

所託者誠是何可禦耶楚王旣託其國於子玉得臣而天下畏之虞公託其國於宮之奇晉獻患之及旣殺得臣而天下輕之虞公不用宮之奇晉獻亡之存亡之端不可不知也滅國上

調均

孔子曰不患貧而患不均故有所積重則有所空虛矣大富則驕大貧則憂憂則爲盜驕則爲暴此衆人之情也聖者則於衆人之情見亂之所從生故其制人道而差上下也使富者足以示貴而不至於驕貧者足以養生而不至於憂以此爲度而調均之是以財不匱而上下相安故易治也今世棄其度制而各從其欲欲無所窮而俗得自恣其勢無極大人病不足於上而小民羸瘠於下則富者愈貪利而不肯爲義貧者日犯禁而不可得止是世之所以難治也孔子曰君子不盡利以遺民詩云

斂有遺秉此有不斂穧伊寡婦之利故君子仕則不稼田則不漁食時不力珍大夫不坐羊上不坐犬詩曰采葑采菲無以下體德音莫違及爾同死以此防民民猶忘義而爭利以亡其身天不重與有角不得有上齒故已有大者不得有小者天數也夫已有大者又兼小者天不能足之況人乎故明聖者象天所爲爲制度使諸有大奉祿亦皆不得兼小利與民爭利業乃天理也 度制

大富則驕大貧則憂憂則爲盜驕則爲暴體民至精此井田采邑所由起也

變易遜順

天之氣徐乍寒乍暑故寒不凍暑不暍以其有餘徐來不暴卒也易曰履霜堅冰蓋言遜也然則上堅不踰等果是天之所爲

弗作而成也人之所爲亦當勿作而極也凡有興者稍稍上之以遜順往使人心說而安之無使人心恐而不安故曰君子以人治人懂而愿此之謂也聖人之道同諸天地蕩諸四海變習易俗基義

變法欲遜順而說勿强驟之聖人之道爲千萬世不以期月故王民皞日遷善遠罪不知不識順帝之則也

同民欲

親近來遠同民所欲十指

孟子樂以天下憂以天下樂貨勇色園囿池沼皆與民同同民所欲孔子之至義也

除患

一統乎天子而加憂於天下之憂也務除天下所患符瑞

蓋聖人者貴除天下之患貴除天下之患故春秋重而書天下之患徧矣以爲本於見天下之所以致患其意欲以除天下之患何謂哉天下者無患然後性可善性可善然後清廉之化流清廉之化流然後王道舉禮樂興盟會要

愛人之大者莫大於思患而豫防之故蔡得意於吳魯得意於齊而春秋皆不告故次以言怨人不可邇敵國不可狎攘竊之國不可使久親皆防患爲民除患之意也俞序

天下無利也但有患而已至於其極患猶未盡故竭聖人之聰明才力以除民患而已佛氏三藏但欲除煩惱孔子六經但以除民患

養生

循天之道以養其身謂之道也天有兩和以成二中歲立其中

用之無窮是北方之中用合陰而物始動於下南方之中用合陽而養始美於上其動於下者不得東方之和不能生中春是也其養於上者不得西方之和不能成中秋是也然則天地之美惡在兩和之處二中之所來歸而遂其爲也是故和東方生而西方成東方和生北方之所起而西方和成南方之所養長起之不至於和之所不能生養長之不至於和之所不能成成於和生必和也始於中止必中也中者天下之所終始也而和者天地之所生成也夫德莫大於和而道莫正於中中者天地之美達理也聖人之所保守也詩云不剛不柔布政優優此非中和之謂歟是故能以中和理天下者其德大盛能以中和養其身者其壽極命男女之法法陰與陽陽氣起於北方至南方而盛盛極而合乎陰陰氣起乎中夏至中冬而盛盛極而合乎

陽不盛不合是故十月而壹俱盛終歲而乃再合天地久節以
此爲常是故先法之內矣養身以全使男子不堅牡不家室陰
不極盛不相接是故身精明難衰而堅固壽考無忒此天地之
道也天氣先盛牡而後施精故其精固地氣盛牝而後化故其
化良是故陰陽之會冬合北方而物動於下夏合南方而物動
於上上下之大動皆在日至之後爲寒則凝冰裂地爲熱則焦
沙爛石氣之精至於是故天地之化春氣生而百物皆出夏氣
養而百物皆長秋氣殺而百物皆死冬氣收而百物皆藏是故
惟天地之氣而精出入無形而物莫不應實之至君子法乎其
所貴天地之陰陽當男女人之男女當陰陽陰陽亦可以謂男
女男女亦可以謂陰陽天地之經生至東方之中而所生大養
至西方之中而所養大成一歲四起業而必於中中之所爲而

必就於和故曰和其要也和者天之正也陰陽之平也其氣最
良物之所生也誠擇其和者以爲大得天地之奉也天地之道
雖有不和者必歸之於和而所爲有功雖有不中者必止之於
中而所爲不失是故陽之行始於北方之中而止於南方之中
陰之行始於南方之中而止於北方之中陰陽之道不同至於
盛而皆止於中其所始起皆必於中中者天下之太極也日月
之所至而卻也長短之隆不得過中天地之制也兼和與不和
中與不中而時用之盡以爲功是故時無不時者天地之道也
順天之道節者天之制也陽者天之寬也陰者天之急也中者
天之用也和者天之功也舉天地之道而美於和是故物生皆
貴氣而迎養之孟子曰吾善養吾浩然之氣者也謂行必終禮
而心自喜常以陽得生其意也公孫之養氣曰裏藏泰實則氣

不通泰虛則氣不足熱勝則氣寒泰勞則氣不入泰佚則氣宛至怒則氣高喜則氣散憂則氣狂懼則氣懾凡此十者氣之害也而皆生於不中和故君子怒則反中而自說以和喜則反中而收之以正憂則反中而舒之以意懼則反中而實之以精夫中和之不可反如此故君子道至氣則華而上凡氣從心心氣之君也何爲而氣不隨也是以天下之道者皆言內心其本也故仁人之所以多壽者外無貪而內清淨心和平而不失中正取天地之美以養其身是其且多且治鶴之所以壽者無宛氣於中是故食冰蝯之所以壽者好引其末是故氣四越天氣常下施於地是故道者亦引氣於足天之氣常動而不滯是故道者亦不宛氣苟不治雖滿不虛是故君子養而和之節而法之去其羣泰取其衆和高臺多陽廣室多陰遠天地之和也故人

弗房適中而已矣法人八尺四尺其中也宮者中央之音也甘者中央之味也四尺者中央之制也是故三王之禮味皆尚甘聲皆尚和處其身所以常自漸於天地之道其道同類一氣之辨也法天者乃法人之辨天之道嚮秋冬而陰來嚮春夏而陰去是故古之人霜降而迎女冰泮而殺內與陰俱近與陽遠也天地之氣不致盛滿不交陰陽是故君子甚愛氣而游於房以體天也氣不傷於以盛通而傷於不時天并不與陰陽俱往來謂之不時恣其欲而不顧天數謂之天并君子治身不敢違天是故新牡十日而一遊於房中年者倍新牡始衰者倍中年中衰者倍始衰大衰者以月當新牡之日而上與天地同節矣此其大略也然而其要皆期於不極盛不相遇疏春而曠夏謂不遠天地之數民皆知愛其衣食而不愛其天氣天氣之於人重

於衣食衣食盡尙猶有閒氣而立終故養生之大者乃在愛氣
氣從神而成神從意而出心之所之謂意意勞者神擾神擾者
氣少氣少者難久矣故君子閑欲止惡以平意平意以靜神靜
神以養氣氣多而治則養身之大者得矣古之道士有言曰將
欲無陵固守一德此言神無離形則氣多內充而忍饑寒也和
樂者生之外泰也精神者生之內充也外泰不若內充而況外
傷乎忿恤憂恨者生之傷也和說勸善者生之養也君子愼小
物而無大敗也行中正聲嚮榮氣意和平居處虞樂可謂養生
矣凡養生者莫精於氣是故春襲葛夏居密陰秋避殺風冬避
重漯就其和也衣欲常漂食欲常饑體欲常勞而無常佚居多
也凡天地之物乘以其泰而生厭於其勝而死四時之變是也
故冬之水氣東加於春而木生乘其泰也春之生西至金而死

厭於勝也生於木者至金而死生於金者至火而死春之所生而不得過秋秋之所生不得過夏天之數也飲食臭味每至一時亦有所勝有所不勝之理不可不察也四時不同氣氣各有所宜宜之所在其物代美視代美而代養之同時美者雜食之是皆其所宜也故薺以冬美而荼以夏成此可以見冬夏之所宜服矣冬水氣也薺甘味也乘於水氣而美者甘勝寒也薺之爲言濟與濟大水也夏火氣也荼苦味也乘於火氣而成者苦勝暑也天無所言而意以物物不與羣物同時而生死者必深察之是天所告人也故薺成告之甘荼成告之苦也君子察物而成告謹是以至薺不可食之時而盡遠甘物至荼成就也天獨所代之成者君子獨代之是冬夏之所宜也春秋雜物其和而冬夏代服其宜則當得天地之美四時和矣凡擇味之大體

各因其時之所美而違天不遠矣是故當百物大生之時羣物皆生而此物獨死可食者告其味之便於人也其不食者告殺穢除害之不待秋也當物之大枯之時羣物皆死如此物獨生其可食者益食之天爲之之利人獨代生之之其不可食益畜之天愍州華之閒故生宿麥中歲而熟之君子察物之異以求天意大可見矣是故男女體其盛臭味取其勝居處就其和勞佚居其中寒煖無失適饑飽無失平欲惡度禮動靜順性喜怒止於中憂懼反之正此中和常在乎其身謂之大得天地泰大得天地泰者其壽引而長不得天地泰者其壽傷而短短長之質人之所由受於天也是故壽有短長養有得失及至其末之大卒而必讎於此莫之得離故壽之爲言猶讎也天下之人雖衆不得不各讎其所生而壽夭於其所自行自行可久之道者其壽

雠於久自行不可久之道者其壽亦雠於不久久與不久之情各雠其平生之所行今如後至不可得勝故曰壽者雠也然則人之所自行乃與其壽夭相益損也其自行佚而壽長者命益之也其行端而壽短者命損之也以天命之所損益疑人之所得失此大惑也是故天長之而人傷之者其長損天短之而人養之者其短益夫損益者皆人其天之繼歟出其質而人弗繼豈獨立哉（循天之道）

生本於氣養生莫精於氣氣莫善於中和平意靜神和說勸善可該道家之學即衣欲常漂體欲常勞區區小節亦不得體要矣

孔子之道本諸身故父子兄弟之親身體髮膚之愛所慎在疾受生於天全受全歸當盡其生道養生爲孔門一學

物理

人之言醞去煙鵾羽去昧慈石取鐵頸金取火蠶珥絲於室而絃絕於堂禾實於野而粟缺於倉蕪荑生於燕橘枳死於荊此十物者皆奇而可怪非人所意也夫非人所意然而旣已有之矣郊語

水得夜益長數分東風而酒湛溢病者至夜而疾益甚雞至幾明皆鳴而相薄同類相動

鶴之所以壽者無宛氣於中是故食冰蝯之所以壽者好引其末是故氣四越循天之道

山則巃嵸嵓崔摧嵬巋巍久不崩弛似夫仁人志士孔子曰山川神祇立寶藏殖器用資曲直合大者可以爲宮室臺榭小者可以爲舟輿桴楫大者無不中小者無不入持斧則斫折鐮則

艾生人立禽獸伏死人入多其功而不言是以君子取譬也且積土成山無損也成其高無害也成其大無虧也小其上泰其下久長安後世無有去就儼然獨處惟山之意詩云節彼南山惟石巖巖赫赫師尹民具爾瞻此之謂也水則源泉混混沄沄、晝夜不竭既似力者盈科後行既似持平者循微赴下不遺小問既似察者循溪谷不迷或奏萬里而必至既似知者鄣防山而能清淨既似知命者不清而入潔清而出既似善化者赴千仞之壑入而不疑既似勇者物皆困於火而水獨勝之既似武者咸得之而生失之而死既似有德者孔子在川上曰逝者如斯夫不舍晝夜此之謂也 山川頌

鬼神

故聖人於鬼神也畏之而不敢欺也信之而不獨任事之而不

專恃恃其公報有德也幸其不私與人福也（祭義）

類應

是故陳其有形以著其無形者拘其可數以著其不可數者此言道之亦宜以類相應（人副天數）

今平地注水去燥就溼均薪施火去溼就燥百物去其所與異而從其所與同故氣同則會聲比則應其驗皦然也試調琴瑟而錯之鼓其宮則他宮應之鼓其商而他商應之五音比而自鳴非有神其數然也美事召美類惡事召惡類類之相應而起也如馬鳴則馬應之牛鳴則牛應之帝王之將興也其美祥亦先見其將亡也妖孽亦先見物固以類相召也故以龍致雨以扇逐暑軍之所處以棘楚美惡皆有從來以為命莫知其處所天將陰雨人之病故為之先動是陰相應而起也天將欲陰雨

又使人欲睡臥者陰氣也有憂亦使人臥者是陰相求也有喜者使人不欲臥者是陽相索也水得夜益長數分東風而酒湛溢病者至夜而疾益甚雞至幾明皆鳴而相薄其氣益精故陽益陽而陰益陰陰陽之氣因可以類相益損也天有陰陽人亦有陰陽天地之陰氣起而人之陰氣應之而起人之陰氣起而天地之陰氣亦宜應之而起其道一也明於此者欲致雨則動陰以起陰欲止雨則動陽以起陽故致雨非神也而疑於神者其理微妙也非獨陰陽之氣可以類進退也雖不祥禍福所從生亦由是也無非已先起之而物以類應之而動者也故聰明聖神內視反聽言為明聖內視反聽故獨明聖者知其本心皆在此耳故琴瑟報彈其宮他宮自鳴而應之此物之以類動者也同類相動

陰陽類應窮致其道能止雨致雨其理微妙故疑於神以有形推無形以可數著不可數聖人所以通晝夜知鬼神合天人至誠前知聖人之道固有如是者董子行義至高豈爲誕說以惑人哉

災異 祥瑞附

天地之物有不常之變者謂之異小者謂之災災常先至而異乃隨之災者天之譴也異者天之威也譴之而不知乃畏之以威詩云畏天之威殆此謂也凡災異之本盡生於國家之失國家之失乃始萌芽而天出災異以譴告之譴告之而不知變乃見怪異以驚駭之驚駭之尙不知畏恐其殆咎乃至以此見天意之仁而不欲害人也謹案災異以見天意天意有欲也有不欲也所欲所不欲者人內以自省宜有懲於心外以觀其事宜

有驗於國故見天意者之於災異也畏之而不惡也以為天欲
振吾過救吾失故以此報我也春秋之法上變古易常應是而
有天災者謂幸國孔子曰天之所幸有為不善而屢極楚莊王
以天不見災地不見孽則禱之於山川曰天其將亡予邪不說
吾過極吾罪也以此觀之天災之應過而至也異之顯明可畏
也此乃天之所欲救也春秋之所獨幸也莊王所以禱而請也
聖主賢君尚樂受忠臣之諫而況受天譴也 必仁且智
然書日蝕星隕有蜮山崩地震夏大雨水冬大雨雹隕霜不殺
草自正月不雨至於秋七月有鸜鵒來巢春秋異之以此見悖
亂之徵是小者不得大微者不得著雖甚末亦一端孔子以此
效之吾所以貴微重始是也因惡夫推災異之象於前然後圖
安危禍亂於後者非春秋之所甚貴也然而春秋舉之以為一

端者亦欲其省天譴而畏天威內動於心志外見於事情修身審己明善心以反道者也豈非貴微重始愼終推效者哉二端

日月食幷吉凶不以其行有星茀于東方于大辰入北斗常星不見地震梁山沙鹿崩宋衛陳鄭災王公大夫篡弑者春秋皆書以為大異不言衆星之茀入霣雨原隰之襲崩奉本

夫流深者其水不測尊至者其敬無窮是故天之所加雖為災害猶承而大之其欽無窮震夷伯之廟是也天無錯舛之災地有震動之異同上

是故星墜謂之隕螽墜謂之雨其所發之處不同或降於天或發於地其辭不可同也玉英

周發兵不期會於孟津之上者八百諸侯共誅紂大亡天下春秋以為戒曰蒲社災周衰天子微弱諸侯力政大夫專國士專

邑不能行度制法文之禮諸侯背叛莫修貢聘奉獻天子臣弒其君子弒其父孽殺其宗不能統理更相伐銼以廣地以强相脅不能制屬强奄弱衆暴寡富使貧并兼無已臣下上僭不能禁止日爲之食星霣如雨雨螽沙鹿崩夏大雨水冬大雨雪霣石于宋五六鷁退飛霣霜不殺草李梅實正月不雨至于秋七月地震梁山崩壅河三日不流晝晦彗星見于東方孛于大辰鸜鵒來巢春秋異之以此見悖亂之徵王道

禹水湯旱非常經也適遭世氣之變而陰陽失平堯視民如子民視堯如父尙書曰二十有八載放勳乃殂落百姓如喪考妣四海之內閼密八音三年三年陽氣厭於陰陰氣大興此禹所以有水名也桀天下之殘賊也湯天下之盛德也天下除殘賊而得盛德大善者再是重陽也故湯有旱之名皆適遭之變非

禹湯之過毋以適遭之變疑生平之常則所守不失則正道益明

煖燠孰多

火干木蟄蟲蚤出雷早行土干木胎夭卵毈鳥蟲多傷金干木有兵水干木春下霜土干火則多雷金干火草木夷水干火夏雹木干金則地動金干土則五穀傷有殃水干土夏寒雨霜木干土倮蟲不為火干土則大旱水干金則魚不為木干金則草木再生火干金則草木秋榮土干金五穀不成木干水冬蟄不藏土干水則蟄蟲冬出火干水則星墜金干水則冬大寒

治亂五行

五行變至當救之以德施之天下則咎除不救以德不出三年天當雨石木有變春凋秋榮秋木冰春多雨此繇役眾賦斂重百姓貧窮叛去道多饑人救之者省繇役薄賦斂出倉穀賑困窮矣火有變冬溫夏寒此王者不明善者不賞惡者不出不肖

在位賢者伏匿則寒暑失序而民疾疫救之者舉賢良賞有功封有德士有變大風至五穀傷此不信仁賢不敬父兄淫佚無度宮室多營救之者省宮室去雕文舉孝弟恤黎元金有變畢昴爲回三覆有武多兵多盜寇此棄義貪財輕民命重貨賂百姓趣利多姦軌救之者舉廉潔立正直隱武行文束甲械水有變冬溼多霧春夏雨雹此法令緩刑罰不行救之者憂囹圄案奸宄誅有罪蒐五日五行變救

木者春生之性農之本也勸農事無奪民時使民歲不過三日行什一之稅進經術之士挺羣禁出輕繫去稽留除桎梏開閉闔通障塞恩及草木則樹木華美而朱草生恩及鱗蟲則魚大爲鱣鯨不見羣龍下如人君出入不時走狗試馬馳騁不反宮室如婬樂飲酒沈湎縱恣不顧政治事多發役以奪民時作謀

增稅以奪民財病疥搔溫體足胻痛咎及於木則茂木枯槁工匠之輪多傷敗毒水渰羣瀌陂如通而漁咎及鱗蟲則魚不爲羣龍深藏鯨出見火者夏成長本朝也舉賢良進茂才官得其能任得其力賞有功封有德出貨財振困乏正封疆使四方恩及於火則火順人而甘露降恩及羽蟲則飛鳥大爲黃鵠出見鳳凰翔如人君惑於讒邪內離骨肉外疏忠臣至殺世子誅殺不辜逐功臣以妾爲妻棄法令婦妾爲政賜予不當則民病血壅腫目不明咎及於火則大旱必有火災摘巢探轂咎及羽蟲則飛鳥不爲冬應不來梟鴞羣鳴鳳凰高翔土者夏中成熟百種君之官循宮室之制謹夫婦之別加親戚之恩恩及於土則五穀成而嘉禾興恩及倮蟲則百姓親附城郭充實聖賢皆遷仙人降如人君好淫佚妻妾過度犯親戚侮父兄欺罔百姓大爲

臺榭五色成光雕文刻鏤則民病心腹宛黃舌爛痛咎及於土則五穀不成暴虐妄誅咎及倮蟲倮蟲不爲百姓叛去聖賢放亡金者秋殺氣之始也建立旗鼓杖把旄鉞以誅賊殘禁暴虐安集故動衆興師必應義理出則祠兵入則振旅以閑習之因於彼狩存不忘亡安不忘危修城郭繕牆垣審羣禁飭兵甲警百官誅不法恩及於金石則涼風出恩及於毛蟲則走獸大爲麒麟至如人君好戰侵陵諸侯貪城邑之賂輕百姓之命則民病喉咳嗽筋攣鼻仇塞咎及於金則鑄化疑滯凍堅不成四面張罔焚林而獵咎及毛蟲則走獸不爲白虎妄搏麟遠出水者冬藏至陰也宗廟祭祀之始敬四時之祭禘祫昭穆之序天子祭天諸侯祭土閉門閭大搜索斷刑罰執當罪飭關梁禁外徙恩及於水則醴泉出恩及介蟲則黿鼉大爲靈龜出如人君簡

宗廟不禱祀廢祭祀執法不順逆天時則民病流腫水脹痿痺孔竅不通咎及於水霧氣冥冥必有大水水爲民害咎及介蟲則蝹深藏黿鼉呴（五行順逆）

道王道也王者人之始也王正則元氣和順風雨時景星見黃龍下王不正則上變天賊氣并見（王道）

父不哭子兄不哭弟毒蟲不螫猛獸不搏鷙蟲不觸故天爲之下甘露朱草生醴泉出風雨時嘉禾興鳳凰麒麟遊於郊（同上）

帝王之將興也其美祥亦先見其將亡也妖孽亦先見（同類相動）

物固有實使之其使之無形尚書傳言周將興之時有大赤烏銜穀之種而集王屋之上者武王喜諸大夫皆喜周公曰茂哉茂哉天之見此以勸之也（同上）

夷狄

春秋曰晉伐鮮虞奚惡乎晉而同夷狄也曰春秋尊禮而重信

信重於地禮尊於身（楚莊王）

徐勤謹案春秋之義尊禮重信故能守乎禮信則進之違乎禮信則黜之其名號本無定也晉伐鮮虞與此相背故擬諸夷狄

春秋之常辭也不予夷狄而予中國為禮至邲之戰偏然反之何也曰春秋無通辭從變而移今晉變而為夷狄楚變而為君子故移其辭以從其事夫莊王之舍鄭有可貴之美晉人不知善而欲擊之所救已解如挑與之戰（盧注古而如通用）此無善善之心而輕救民之意也是以賤之而不使得與賢者為禮（竹林）

徐勤謹案春秋無通辭之義公穀二傳未有明文惟董子發明之後儒孫明復胡安國之流不知此義以為春秋之旨最

嚴華夷之限於是尊己則曰神明之俗薄人則曰禽獸之類苗猺狪獞之民則外視之邊鄙遼遠之地則忍而割棄之嗚呼背春秋之義以自隘其道孔教之不廣生民之塗炭豈非諸儒之罪耶若無董子則華夏之限終莫能破大同之治終末由至也

故春秋之於偏戰也猶其於諸夏也引之魯則謂之外引之夷狄則謂之內竹林

徐勤謹案引之魯則謂之外引之夷狄則謂之內內外之分祇就所引言之耳若將夷狄而引之於諸地諸天諸星之世界則夷狄亦當謂之內而諸地諸天諸星當謂之外矣內外之限寧有定名哉此莊子所謂自其大者視之則萬物皆一也

春秋曰鄭伐許奚惡於鄭而夷狄之也曰衛侯速卒鄭師侵之是伐喪也鄭與諸侯盟于蜀以盟而歸諸侯於是伐許是叛盟也伐喪無義叛盟無信無信無義故大惡之竹林

徐勤謹案春秋之義最重信義鄭伐喪背盟無信義之甚故夷狄之與晉伐鮮虞同

春秋愼辭謹於名倫等物者也是故小夷言伐而不得言戰大夷言戰而不得言獲中國言獲而不得言執各有辭也有（又同）小夷避大夷而不得言戰大夷避中國而不得言獲中國避天子而不得言執名倫弗予嫌於相臣之辭也是故大小不踰等貴賤如其倫義之正也精華

徐勤謹案以春秋大一統之義律之則舉天下皆中國也何中國夷狄之有何小夷大夷之有此其斷言之者蓋傳聞之

世治尚麤觕故不能不略分差等也

親近以求遠故未有不先近而致遠者也故內其國而外諸夏內諸夏而外夷狄言自近者始也（王道）

徐勤謹案此董子發明春秋所以立內外例之故蓋至治著大同遠近大小若一而無內外之殊者理之所必至者也先近致遠詳內略外等差秩然者勢之所不能驟變者也蓋聖人祇能循夫理而順夫勢而已易曰地勢坤周子曰天下勢而已其卽此義也

夷狄邾婁人牟人葛人爲其天王崩而相朝聘也此其誅也（王道）

徐勤謹案天子崩諸侯不當行朝聘之禮乃邾婁人牟人葛人猶復來聘故稱人而夷狄之

邢與狄伐其同姓取之其行如此雖爾親庸能親爾乎（滅國下）

徐勤謹案與狄伐同姓則亦夷狄矣故雖親亦外之

其明年楚屈建會諸侯而張中國卒之三年諸夏之君朝於楚楚子卷繼之四年而卒其國不爲侵奪而顧隆盛强大中國不出年餘何也楚子昭善諸侯可者也天下之疾其君者皆赴愬而歸之兵四五出常以衆擊少以專擊散義之書也隨本消息

徐勤謹案春秋之世弑君三十六亡國五十二爭奪相殺靡有已時楚屈建能會諸侯而張中國故名之示楚有大夫而進於中國襄三十年穀梁傳云澶淵之會中國不侵伐夷狄夷狄不入中國無侵伐八年善之也晉趙武楚屈建之力也

春秋曰荆傳曰氏不若人人不若名名不若字凡四等命曰附庸爵國

徐勤謹案荆非楚之國號而以荆目之者蓋未至升平之世

中國政治未及夷狄故進之所謂許夷狄不一而足之義也

故王者愛及四夷仁義法

徐勤謹案公羊隱二年何注云王者不治夷狄桓三年何注云後治夷狄此言愛及四夷者蓋升平之世教化大洽夷狄丕變故亦在王者胞與之內此繁露所謂天覆無外地載兼愛者也

潞子之於諸侯無所能正春秋予之有義其身正也仁義法

是故吳魯同姓也鍾離之會不得序而稱君殊魯而會之謂其夷狄之行也雞父之戰吳不得與中國為禮至於伯莒黃池之行變而反道乃爵而不殊觀德

徐勤謹案鍾離之會雞父之戰吳有夷狄之行故並外之至黃池之行變而反道乃爵而不殊中國夷狄之名從變而移

如此若徒以一義繩之是猶刻舟而求劍守株而待兔者也豈足以讀春秋者哉

春秋常辭夷狄不得與中國爲禮至邲之戰夷狄反道中國不得與夷狄爲禮避楚莊也邢衛魯之同姓也狄人滅之春秋爲諱避齊桓也當其如此也唯德是親觀德

徐勤謹案泥後儒尊攘之說則當親者晉不當親者楚也何德之足云不知春秋之義唯德是親中國而不德也則夷狄之夷狄而有德也則中國之無疆界之分人我之相若非董子發明此義則孔教不過如婆羅門馬哈墨之閉敎而已

吳俱夷狄也柤之會獨先外之爲其與我同姓也觀德

徐勤謹案春秋之義德尊則先親親故不特當內者獨見內之卽當外者亦獨先外之此春秋先內後外之例也

潞子離狄而歸黨以得亡春秋謂之子以領其意觀德

徐勤謹案能歸中國則亦中國矣國雖亡仍謂之子以領其意

吳楚國先聘我者見賢觀德

徐勤謹案能慕中國之教化而先聘我故賢之以進於中國

遠夷之君內而不外奉本

徐勤謹案春秋內其國而外諸夏內諸夏而外夷狄乃忽云遠夷之君內而不外則外而變內是天下無復有內外之殊矣聖人大同之治其在斯乎其在斯乎

董氏學卷六下

弟子梁應騮陳國鏞初校
弟子王覺任康同懃覆校

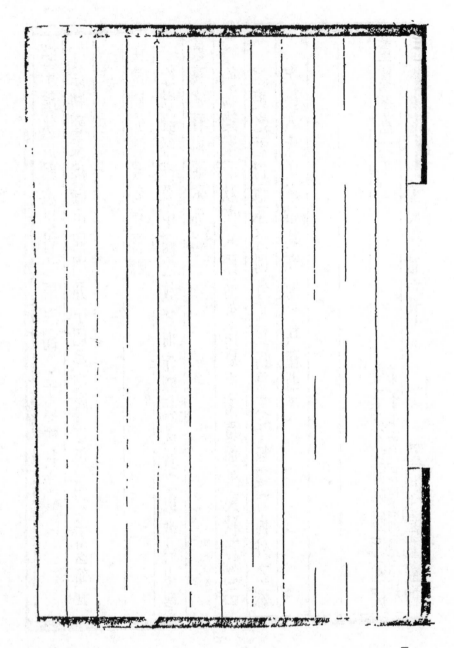

春秋董氏學卷七

南海康有爲廣夏學　一名祖詒

傳經表第七

後世之道術不明統緒不著者皆韓愈粗疏滅裂之罪也愈之言道也自孔子後千年舉孟子荀子而以楊雄㕘其閒又謂軻死不得其傳焉宋儒紹述其說遂若千餘年無聞道者信若斯言則是孔子大教已滅絕豈復能光於今日哉夫呂氏春秋韓非作於戰國之末日孟子已殁而呂氏稱孔子弟子充滿天下獨塞天下皆以仁義之道教化於天下韓非稱儒分爲八有孟氏之儒有顏氏子夏氏子張氏漆雕氏仲良氏孫氏樂正氏之儒不特孟氏有傳七家亦皆有傳焉至於漢世博士傳五經之口說皆孔門大義微言而董子尤集其大成劉向以爲伊呂無以加論衡所謂孔子之文傳於仲舒

春秋緯謂亂我書者董仲舒亂者治也天人策言道出於天正誼不謀利明道不計功朱子極推其醇粹而韓愈乃不知之而敢斷然謂孟子死而不傳嗚呼何其妄也若楊雄於君國則以美新投閣於經學則爲歆僞欺紿徒以法言摹仿論語美言可市乃舍江都而與蘭陵並愈擬人旣不於倫寶康匏而棄周鼎嗚呼何其妄也夫孔子之大道在春秋兩漢之治以春秋自君臣士大夫政事法律言議皆以公羊爲法至今律猶從之（吾有今律出春秋考）公羊博士之傳徧天下雲礽百萬皆出江都嗚呼盛矣由元明以來五百年治術言語皆出於朱子蓋朱子爲教主也自武章終後漢四百年治術言議皆出於董子蓋董子爲教主也二子之盛雖孟荀莫得比隆朱子生絕學之後道出於鄉壁尊四書而輕六經孔子末法無由

一統僅如西蜀之偏安而已董子接先秦老師之緒盡得口說公穀之外兼通五經蓋孔子之大道在是雖書不盡言言不盡意聖人全體不可得而見而董子之精深博大得孔子大教之本絶諸子之學爲傳道之宗蓋自孔子之後一人哉因屬門人王覺任搜其後學表其傳授俾後世於孔門統緒流別得詳焉

董仲舒

嬴公（以下俱董子親授弟子）
褚大
殷忠
段仲溫（漢書作）

眭孟（嬴公授○弟子百餘人）

嚴彭祖（眭孟授○家世傳業）
顏安樂

王中（嚴彭祖授○按漢書儒林傳偁中徒衆尤盛是大師也）
任公

公孫文（王中授）
東門雲（王中授）

呂步舒
戾太子據
吳邱壽王
鮑敞
司馬遷
聞春秋於董生

眭孟授

顏安樂授
冷豐
顏安樂授
劉向
顏安樂授見徐氏公羊疏
王彥

馬宮
冷宮授
左咸
冷豐授○按漢書儒林傳稱咸徒衆尤盛亦是當時大師

傳嚴氏春秋表

孟卿 嬴公授	貢禹 事嬴公而成於眭孟		
疏廣 孟卿授	堂谿惠 貢禹授		
同上	筦路 始事疏廣後事顏安樂	冥都 始事堂谿惠後事顏安樂	
		孫寶 冥都授	

丁恭 諸生自遠方至者著錄數千人○以下並不詳
樓望 丁恭授○諸生著錄者九千餘八

所受

承宮　丁恭授

樊儵　丁恭授
○門徒前後三千人

李修　樊儵授

夏勤　樊儵授

張霸　樊儵授

張楷　霸子
門徒常數百人

孫林　張霸授

劉固　張霸授

甄宇 教授常數百人

郅惲

李章

周澤

徐子盛 門徒常數百人

鍾興 丁恭授 ○太子教授及諸侯王

甄普 宇子

孝明帝 從鍾興受公羊嚴氏

甄承 普子 講授嘗數百人子孫傳學不絕

段著 張霸授

諸生數

百人

程曾

常居門下者數百人

孔宙

見隷釋

顧奉

程曾授

孔謙 宙子

述家業修春秋

孔褒

同上

張雲

以下俱宙門生隷釋云以久次相傳曰門生

趙玫
捕巡
韋勳
張上
王時
張典
孟忠
李鎮
吳讓
文儉
鄉瑱
聶香

梁淑
趙恭
張表
滕穆
桑演
靳京
梁布
桑顯
司馬規
張祺
張朝
蘇觀

張琦
齊綸
呂升
秦麟
如廬浮
薛顗
高冰
趙宸
徐璜
吳進
李都
賀醒

許祺	史崇	孫忠	盧精	任景漢	張忠	陸暹	樂禹	朱班	周愼	周升	陳褒

徐稺見謝承書

劉祐見謝承書

祝睦見謝承書

樊敏

謝洋

丁培

戴璋

王政並見隸釋

嚴訢 見金石錄				
孔龢 見金石錄 見金石錄				
張玄 諸儒多依其通著錄者千餘人○以下並不詳所受				
唐檀				

教授常百餘人

陳重

雷義

魯峻

見金石萃編

丁直

以下俱峻門生見金石萃編

呂圖

殷敦

干商

魏顯

路龍

王端

胡嵩
胡昱
林眞
皃雄
路福
李牧
王輔
周普
吳盛
梁㣿
李口
陽成口

鄭立
夏侯雄
孫謙
邢顒
邢口
馬荫
王口
尹徒
尹顒
劉扶
劉盛
鄉晨

鄉恭	劉本	張謙	夏統	許仁	周雄	誠屯

王充附　按本傳不詳所受何經惟論衡所稱如文王之文在孔子孔子之文在仲舒此非傳董子之學者不能道故亦附著焉

傳公羊而不詳所受者表

自嚴顏立博士以後江都之學遂成一統然則凡治公羊者皆其後學今並表之如左以見董道之光大焉

宋均
周黨
楊終
李育 門徒四百
戴宏 見徐氏公羊疏
羊弼
第五元
李咸 見謝承書
徐淑

宋意 均子少習父業
何休 羊弼授

見謝承書

李固

按謝承書祗偁固學五經而不言春秋何家惟議梁氏戚為椒房禮所不臣及偁春秋褒儀父貶無駭皆用公羊義當為公羊家可知

王調 固門生

郭亮 固弟子

董班 少遊太學宗事李固見謝承書

杜訪 以下皆固弟子見謝承書

鄭遂

公沙穆

閻葵班

見隸釋

趙承

閻葵讓

班子

杜暉

見隸釋

馮緄

見謝承書

尹宙

見隸釋

劉寵

見華陽國志

王化　見華陽國志

閔因　見徐氏公羊疏

唐固

嚴幹

張裔

孟光

嚴翰　見魏略

王愆期　按愆期傳文王

為孔子是嫡傳公羊者見尚書泰誓疏

傳公羊而兼左氏表

荀爽 治費氏易及公羊左氏

鄭興 少習公羊

馬融 著三傳異同說

鄭元

從第五元受公羊

虞俊

陳壽 治尚書三傳見華陽國志

王長 著春秋三傳十二篇見華陽國志

壽良 治春秋三傳見

華陽國志
孫炎

春秋董氏學卷七

弟子梁應騮陳國鏞初校
弟子王覺任康同懃覆校

萬木草堂叢書

春秋董氏學卷八

南海康有爲廣夏學 一名祖詒

董子經說第八

詩書序其志禮樂純其養易春秋明其知六學皆大而各有所長詩道志故長於質禮制節故長於文樂詠德故長於風書著功故長於事易本天地故長於數春秋正是非故長於治人能兼得其所長而不能偏舉其詳也玉杯

所聞詩無達詁易無達占春秋無達辭精華

右六經義

詩云宛彼鳴鳩翰飛戾天我心憂傷念彼先人明發不寐有懷二人人皆有此心也今晉不以同姓憂我而強大厭我我心望焉故言之不好謂之晉而已楚莊王

吾見其近近而遠遠親親而疏疏也亦知其貴貴而賤賤重重

而輕輕也有知其厚厚而薄薄善善而惡惡也有知其陽陽而陰陰白白而黑黑也百物皆有合偶偶之合之仇之匹之善矣詩云威儀抑抑德音秩秩無怨無惡率由仇匹此之謂也詩云文王受命有此武功既伐于崇作邑于豐樂之風也又曰王赫斯怒爰整其旅當是時紂爲無道諸侯大亂民樂文王之怒而詠歌之也（並同上）

詩云他人有心予忖度之此言物莫無鄰察視其外可以見其內也（玉杯）

詩云弛其文德洽此四國此春秋之所善也（竹林）

夫目驚而體失其容心驚而事有所忘人之情也通於驚之情者取其一美不盡其失詩云采葑采菲無以下體此之謂也（同上）

匹夫之反道以除咎尚難人主之反道以除咎甚易詩云德輶

如毛言其易也玉英

譬如於文宣之際中國之君五年之中五君殺以晉靈之行使一大夫立於棐林拱揖指撝諸侯莫敢不出此猶隰之有泮也隨本消息

詩云殷士膚敏祼將于京侯服于周天命靡常言天之無常予無常奪也堯舜湯武

孔子曰君子不盡利以遺民詩云彼有遺秉此有不歛穧伊寡婦之利制度

詩曰采葑采菲無以下體德音莫違及爾同死以此防民民猶忘義而爭利以亡其身同上

詩云飲之食之教之誨之先飲食而後教誨謂治人也又曰坎坎伐輻彼君子兮不素餐兮先其事後其食謂之治身也仁義法

災者天之譴也異者天之威也譴之而不知乃畏之以威詩云畏天之威殆此謂也必仁且智

聖人事明義以炤燿其所闇故民不陷詩云示我顯德行此之謂也先王顯德以示民民樂而歌之以爲詩說而化之以爲俗故不令而自行不禁而自止從上之意不待使之若自然矣身之養

是故事各順於名名各順於天天人之際合而爲一同而通理動而相益順而相受謂之德道詩曰維號斯言有倫有迹此之謂也深察名號

不一者故患之所由生也是故君子賤二而貴一人孰無善善不一故不足以立身治孰無常常不一故不足以致功詩云上帝臨汝無二汝心知天道者之言也天道無二

詩云不識不知順帝之則言弗能知識而效天之所爲云爾燠燠
孰多

詩云不愆不忘率由舊章舊章者先聖人之故文章也率由各有修從之也此言先聖人之故文章者雖不能深見而詳知其則猶不知其美與之功矣郊語

詩曰唯此文王小心翼翼昭事上帝允懷多福多福者非謂人事也事功也謂天之所福也

詩曰有覺德行四國順之覺者著也王者有明著之德行於世則四方莫不響應風化善於彼矣並同上

文王受天命而王天下先郊乃敢行事而興師伐崇其詩曰芃芃棫樸薪之槱之濟濟辟王左右趨之濟濟辟王左右奉璋奉璋莪莪髦士攸宜此郊辭也其下曰渒彼涇舟烝徒檝之周王

于邁六師及之此伐辭也其下曰文王受命有此武功既伐于崇作邑于豐以此辭者見文王受命則郊郊乃伐崇伐崇之時何遽平乎已受命而王必先祭天乃行王事文王之伐崇是也詩云濟濟辟王左右奉璋奉璋峩峩髦士攸宜此文王之郊也其下之辭曰淠彼涇舟烝徒楫之周王于邁六師及之此文王之伐崇也上言奉璋下言伐崇以是見文王之先郊而後伐也

郊祭

周宣王時天下旱歲惡甚王憂之其詩曰倬彼雲漢昭回于天王曰嗚呼何辜今之人天降喪亂饑饉薦臻靡神不舉靡愛斯牲珪璧既卒寍莫我聽旱既太甚蘊隆蟲蟲不殄禋祀自郊徂宮上下奠瘞靡神不宗后稷不克上帝不臨耗射下土寍丁我躬宣王自以為不能乎后稷不中乎上帝故有此災有此災愈

恐懼而謹事天郊祀

武王崩成王幼而在襁褓之中周公繼文武之業成二聖之德漸天地澤被四海故成王賢而貴之詩云無德不報故成王使祭周公以白牲上不得與天子同色下有異於諸侯仲舒愚以爲報德之禮郊事對

小其上泰其下久長安後世無有去就儼然獨處惟山之意詩云節彼南山惟石巖巖赫赫師尹民具爾瞻此之謂也山川頌

其見於詩曰嗟爾君子毋常安息靜共爾位好是正直神之聽之介爾景福正直者得福也不正者不得福此其法也以詩爲天下法矣何謂不法哉祭義

夫德莫大於和而道莫正於中中者天地之美達理也聖人之所保守也詩云不剛不柔布政優優此非中和之謂歟循天之道

春秋舉世事之道夫有書天（下闕四字）之盡與不盡王者之任也詩云天難諶斯不易維王此之謂也夫王者不可以不知天知天詩人之所難也天意難見也其道難理（天地陰陽）

右引詩

是故雖有至賢能為君親含容其惡不能為君親令無惡書曰厥辟不辟去厥祇（玉杯）

書曰爾有嘉謀嘉猷入告爾君于內爾乃順之于外曰此謀此猷惟我君之德此為人臣之法也（竹林）

詩（詩當作書）云高宗諒闇三年不言居喪之義也（同上）

聲響盛化運於物散入於理德在天地神明休集并行而不竭盈於四海而頌聲詠書曰八音克諧無相奪倫神人以和乃是謂也（正貫）

故貴賤有等衣服有別朝廷有位鄉黨有序則民有所讓而民不敢爭所以一之也書曰轝服有庸誰敢弗讓敢不敬應此之謂也度制

堯視民如子民視堯如父尚書曰二十有八載放勳乃殂落百姓如喪考妣四海之內閼密八音三年煖燠孰多

王者與臣無禮貌不肅敬則木不曲直而夏多暴風風者木之氣也其音角也故應之以暴風王者言不從則金不從革而秋多霹靂霹靂者金氣也其音商也故應之以霹靂王者視不明則火不炎上而秋多電電者火氣也其音徵也故應之以電王者聽不聰則水不潤下而春夏多暴雨雨者水氣也其音羽也故應之以暴雨王者心不能容則稼穡不成而秋多雷雷者土氣也其音宮也故應之以雷五事一曰貌二曰言三曰視四曰

聽五曰思何謂也夫五事者人之所受命於天也而王者所修
而治民也故王者爲民治則不可以不明準繩不可以不正王
者貌曰恭恭者敬也言曰從從者可從視曰明明者知賢不肖
分明黑白也聽曰聰聰者能聞事而審其意也思曰容容者言
無不容恭作肅從作乂明作哲聰作謀容作聖何謂也恭作肅
言王誠能內有恭敬之姿而天下莫不肅矣從作乂言王者言
可從明正從行而天下治矣明作哲哲者知也王者明則賢者
進不肖者退天下知善而勸之知惡而恥之矣聰作謀謀者謀
事也王者聰則聞事與臣下謀之故事無失謀矣容作聖聖者
設也王者心寬大無不容則聖能施設事各得其宜也五行五事
王者能敬則春氣得故肅肅者主春春陽氣微萬物柔易移弱
可化於時陰氣爲賊故王者欽欽不以議陰事然後萬物遂生

而木可曲直也春行秋政則草木凋行冬政則雪行夏政則殺

春失政則原注有闕文

王者能治則義立義立則秋氣得故義者主秋秋氣始殺王者行小刑罰民不犯則禮義成於時陽氣為賊故王者輔以官牧之事然後萬物成熟秋草木不榮華金從革也秋行春政則華行夏政則喬行冬政則落秋失政則春大風不解雷不發聲

王者能知則知善惡知善惡則夏氣得故哲者主夏夏陽氣始感萬物兆長王者不掩明則道不退塞而夏至之後大暑隆萬物茂育懷任王者恐明不知賢不肖分明白黑於時寒為賊故王者輔以賞賜之事然後夏草木不霜火炎上也夏行春政則風行秋政則水行冬政則落夏失政則冬不凍冰五穀不藏大寒不解

王者無失謀然後冬氣得故謀者主冬冬陰氣始盛草木必死

王者能聞事審謀慮之則不侵伐不侵伐且殺則死者不恨生

者不怨冬日至之後大寒降萬物藏於下於時暑爲賊故王者

輔之以急斷之以事水潤下也冬行春政則蒸行夏政則雷行

秋政則旱冬失政則夏草木不實五穀疾枯（並同上）

右引書

無奪民時使民歲不過三日（五行順逆）

故其在禮亦曰喪者不祭惟祭天爲越喪而行事（郊祭）

王制曰祭天地之牛繭栗宗廟之牛握賓客之牛尺此言德滋

美而牲滋微也（郊事對）

右引禮

凡人有憂而不知憂者凶有憂而深憂之者吉易曰復自道何

其咎此之謂也王英

其在易曰鼎折足覆公餗夫鼎折足者任非其人也覆公餗者國家傾也是故任非其人而國家不傾者自古至今未嘗聞也精華

天之氣徐乍寒乍暑故寒不凍暑不暍以其有餘徐來不暴卒也易曰履霜堅冰蓋言遜也基義

右引易

立明堂宗祀先帝以祖配天天下諸侯各以其職來祭王道

孝經之語曰事父孝故事天明事天與父同禮也堯舜湯武

孝經曰夫孝天之經地之義何謂也對曰天有五行木火土金水是也木生火火生土土生金金生水水爲冬金爲秋土爲季夏火爲夏木爲春春主生夏主長季夏主養秋主收冬主藏藏

冬、之所成也是故父之所生其子長之父之所長其子養之父之所養其子成之諸父所爲其子皆奉承而續行之不敢不致如父之意盡爲人之道也故五行者五行也由此觀之父授之子受之乃天之道也故曰夫孝者天之經也此之謂也王曰善哉天經既得聞之矣願聞地之義對曰地出雲爲雨起氣爲風風雨者地之所爲地不敢有其功名必上之於天命若從天命者故曰天風天雨也莫曰地風地雨也勤勞在地名一歸於天非至有義其孰能行此故下事上如地事天也可謂大忠矣土者火之子也五行莫貴於土土之於四時無所命者不與火分功名木名春火名夏金名秋水名冬、忠臣之義孝子之行取之土土者五行最貴者也其義不可以加矣五聲莫貴於宮五味莫美於甘五色莫貴於黃此謂孝者地之義也王曰善哉對五行

爲人主也道莫明省身之天如天出之也使其出也答天之出
四時而必忠其受也則堯舜之治無以加是可生可殺而不可
使爲亂故曰非道不行非法不言此之謂也爲人者天
君命順則民有順命君命逆則民有逆命故曰一人有慶萬民
賴之此之謂也
天地之數不能獨以寒暑成歲必有春夏秋冬聖人之道不能
獨以威勢成政必有教化故曰先之以博愛教之以仁也
傳曰天生之地載之聖人教之君者民之心也民者君之體也
心之所好體必安之君之所好民必從之故君民者貴孝弟而
好禮義重仁廉而輕財利躬親職此於上而萬民聽生善於下
矣故曰先王見教之可以化民也此之謂也
衣服容貌者所以悅目也聲言應對者所以悅耳也好惡去就

者所以悅心也故君子衣服中而容貌恭則目悅矣言理應對遜則耳悅矣好仁厚而惡淺薄就善人而遠僻鄙則心悅矣故曰行意可樂容止可觀此之謂也並同上

故春曰祠夏曰礿秋曰嘗冬曰烝此言不失其時以奉祀先祖也過時不祭則失爲人子之道也祠者以正月始食韭也礿者以四月食麥也嘗者以七月嘗黍稷也烝者以十月進初稻也此天之經也地之義也孝子孝婦緣天之時因地之利地之菜茹瓜果藝之稻麥黍稷菜生穀熟永思吉日供具祭物齋戒沐浴潔清致敬祀其先祖父母孝子孝婦不使時過已處之以愛敬行之以恭讓亦殆免於罪矣四祭

右引孝經

晉惡而不可親公往而不敢至乃人情耳君子何恥而稱公有

疾也曰惡無故自來君子不恥內省不疚何憂何懼是已矣楚莊
王

故王者有改制之名無易道之實孔子曰無爲而治者其舜乎
言其主堯之道而已此非不易之效與同上

故曰禮云禮云玉帛云乎哉推而前之亦宜曰朝云朝云辭令
云乎哉樂云樂云鐘鼓云乎哉引而後之亦宜曰喪云喪云衣
服云乎哉玉杯

孔子曰政逮於大夫四世矣蓋自文公以來之謂也同上

詩云棠棣之華偏其反而豈不爾思室是遠而子曰未之思也
夫何遠之有由是觀之見其指者不任其辭不任其辭然後可
與適道矣竹林

禮者庶於仁文質而成體者也今使人相食大失其仁安著其

禮方救其質奚恤其文故曰常仁不讓此之謂也

孔子曰道千乘之國敬事而信知其為得失之大也故敬而慎之上 並同

其為善不法不可取亦不可棄棄之則棄善志也取之則害王法故不棄亦不載以意見之而已苟志於仁無惡此之謂也 玉英

其後矜功振而自足而不修德故楚人滅弦而志弗憂江黃伐陳而不往救損人之國而執其大夫不救陳之患而責陳不離不復安鄭而必欲迫之以兵功未良成而志已滿矣故曰管仲之器小哉此之謂也 精華

顏淵死子曰天喪予子路死子曰天祝予西狩獲麟曰吾道窮吾道窮三年身隨而卒 隨本消息

故武王克殷裨冕而搢笏虎賁之士說劍安在勇猛必任武殺

然後威是以君子所服爲上矣故望之儼然者亦已至哉服制象
小大微著之分也夫覽求微細於無端之處誠知小之爲大也
微之將爲著也吉凶未形聖人所獨立也雖欲從之末由也已
此之謂也端
禮子爲父隱惡今使伐人者而信不義當爲國諱之豈宜如誹
謗者此所謂一言而再過者也堯舜湯武
孔子曰不患貧而患不均故有所積重則有所空虛矣制度
孔子謂冉子曰治民者先富之而後加教語樊遲曰治身者先
難後獲以此之謂治身之與治民所先後不同焉矣仁義法
凡此六者以仁治人義治我躬自厚而薄責於外此之謂也且
論已見之而人不察曰君子攻其惡不攻人之惡非仁之寬與
自攻其惡非義之全與

是故以自治之節治人是居上不寬也以治人之度自治是爲禮不敬也爲禮不敬則傷行而民不尊居上不寬則傷厚而民弗親（並同上）

故曰聖人天地動四時化者非有他也其見大義故能動動故能化化故能大行化大行故法不犯法不犯故刑不用刑不用則堯舜之功德此大治之道也先聖傳授而復也故孔子曰誰能出不由戶何莫由斯道也（身之養）

孔子曰殷有三仁今有越王之賢與蠡種之能此三人者寡人亦以爲越有三仁其於君何如（對熙西上）

孔子曰唯天爲大唯堯則之則之者大也巍巍乎其有成功也言其尊大以成功也（奉本）

春秋辨物之理以正其名名物如其眞不失秋毫之末故名賓

石則後其五言退鷁則先其六聖人之謹於正名如此君子於其言無所苟而已五石六鷁之辭是也深察名號

循三綱五紀通八端之理忠信而博愛敦厚而好禮乃可謂善此聖人之善也是故孔子曰善人吾不得而見之得見有恒者斯可矣由是觀之聖人之所謂善亦未易當也同上

孔子曰名不正則言不順今謂性已善不幾於無教而如其自然又不順於爲政之道矣實性

孔子曰君子有三畏畏天命畏大人畏聖人之言彼豈無傷害於人而孔子徒畏之哉以此見天之不可不畏敬猶主上之不可不謹事不謹事主其禍來至顯不畏敬天其殃來至闇闇者不見其端若自然也故曰堂堂如天殃言不必立校默而無聲潛而無形也由是觀之天殃與上罰所以別者闇與顯耳不然

其來逮人殆無以異孔子同之俱言可畏也天地神明之心與人事成敗之眞固莫之能見也唯聖人能見之聖人者見人之所不見者也故聖人之言亦可畏也郊語

天者百神之大君也事君不備雖百神猶無益也何以言其然也祭而地神者春秋譏之孔子曰獲罪於天無所禱也是其法也

堯謂舜曰天之厤數在爾躬言察身以知天也並同上

孔子曰畏天命畏大人畏聖人之言其祭社稷宗廟山川鬼神不以其道無災無害至於祭天不享其卜不從使其牛口傷鼷鼠食其角或言食牛或言食而死或食而生或不食而自死或改卜而牛死或卜而食其角過有深淺薄厚而災有簡甚不可不察也猶郊之變因其災而之變應而無爲也見百事之變之

所不知而自然者勝言與以此見其可畏專誅絕者其唯天乎
臣弒君子弒父三十有餘諸其賤者則損以此觀之可畏者其
唯天命大人乎亡國五十有餘皆不事畏者也況不畏大人大
人專誅之君之滅者何日之有哉魯宣違聖人之言變古易常
而災立至聖人之言可不慎此三畏者異指而同致故聖人同
之俱言其可畏也順命
臣聞孔子入太廟每事問慎之至也郊事對
子曰人而不曰如之何如之何者吾莫如之何也矣故匿病者
不得良醫羞問者聖人去之以為遠功而近有災執贄
水則源泉混混沄沄晝夜不竭既似力者盈科後行既似持平
者循微赴下不遺小間既似察者循溪谷不迷或奏萬里而必
至既似知者鄣防山而能清淨既似知命者不清而入潔清而

出既似善化者赴千仞之壑入而不疑既似勇者物皆因於火

而水獨勝之既似武者咸得之而生失之而死既似有德者孔

子在川上曰逝者如斯夫不舍晝夜此之謂也山川頌

祭之爲言際也與察也祭然後能見不見見不見之見者然後

知天命鬼神知天命鬼神然後明祭之意明祭之意乃知重祭

事孔子曰吾不與祭祭神如神在重祭事如事生祭義

右引論語

訓詁附

春秋變一謂之元元猶原也其義以隨天地終始也重政

元者始也言本正也王道

謂一元者大始也玉英

其謂統三正者曰正者正也三代改制

春之爲言猶偆偆也秋之爲言猶湫湫也（王道通）

行者行也其行不同故謂之五行（五行相生）

古之聖人謞而效天地謂之號鳴而命施謂之名名之爲言鳴與命也號之爲言謞而效也謞而效天地者爲號鳴而命者爲名（深察名號）

名之爲言眞也（同上）

通天地陰陽四時日月星辰山川人倫德侔天地者稱皇帝天佑而子之號稱天子（三代改制）

古之造文者三畫而連其中謂之王三畫者天地與人也而連其中者通其道也取天地與人之中以爲貫而參通之非王者孰能當是（王道通）

王者皇也王者方也王者匡也王者黃也王者往也（深察名號）

王者民之所往君者不失其羣者也故能使萬民往之而得天下之羣者無敵於天下（滅國上）

尊者取尊號卑者取卑號故德侔天地者皇天右而子之號稱天子（順命）

天子者則天之子也（郊語）

天子號天之子也（郊祭）

故號爲天子者宜事天如父事天以孝道也號爲諸侯者宜謹視所候奉之天子也號爲大夫者宜厚其忠信敦其禮義使善大於匹夫之義足以化也士者事也民者瞑也（深察名號）

君者元也君者原也君者權也君者溫也君者羣也（同上）

諸侯爲言猶諸候也（諸侯）

效天所爲爲之起號故謂之民民之爲言固猶瞑也（深察名號）

性之名非生與如其生之自然之資謂之性性者質也（同上）

性者天質之樸也善者王教之化也（實性）

故仁之爲言人也義之爲言我也（仁義法）

愛在人謂之仁義在我謂之義仁主人義主我也故曰仁者人也義者我也（同上）

是故古之人物而書文心止於一中者謂之忠持二中者謂之患患人之中不一者也不一者故患之所由生也（天道無二）

王者貌曰恭恭者敬也言曰從從者可從視曰明明者知賢不肖分明黑白也聽曰聰聰者能聞事而審其意也思曰容容者言無不容（五行五事）

明作哲哲者知也

聽作謀謀者謀事也

容作聖聖者設也並同上

舜時民樂其昭堯之業也故韶韶者昭也禹之時民樂其三聖相繼故夏夏者大也湯之時民樂其救之於患害也故護護者救也文王之時民樂其興師征伐也故武武者伐也楚莊王

祭者察也以善逮鬼神之謂也祭義

祭之爲言際也與察也祭然後能見不見同上

董氏學卷八

弟子梁應騮陳國鏞初校
弟子王覺任康同懃覆校

附史記儒林列傳

董仲舒廣川人也以治春秋孝景時爲博士下帷講誦弟子傳以久次相受業或莫見其面蓋三年董仲舒不觀於舍園其精如此進退容止非禮不行學士皆師尊之今上卽位爲江都相以春秋災異之變推陰陽所以錯行故求雨閉諸陽縱諸陰其止雨反是行之一國未嘗不得所欲中廢爲中大夫居舍著災異之記是時遼東高廟災主父偃疾之取其書奏之天子天子召諸生示其書有刺譏董仲舒弟子呂步舒不知其師書以爲下愚於是下董仲舒吏當死詔赦之於是董仲舒竟不敢復言災異董仲舒爲人廉直是時方外攘四夷公孫弘治春秋不如董仲舒而弘希世用事位至公卿董仲舒以弘爲從諛弘疾之乃言上曰獨董仲舒可使相膠西王膠西王素聞董仲舒有行

亦善待之董仲舒恐久獲罪疾免居家至卒終不治產業以修
學著書爲事故漢興至于五世之閒唯董仲舒名爲明於春秋
其傳公羊氏也

附漢書董仲舒傳

董仲舒廣川人也少治春秋孝景時爲博士下帷講誦弟子傳以久次相授業或莫見其面蓋三年不窺園其精如此進退容止非禮不行學士皆師尊之武帝卽位舉賢良文學之士前後百數而仲舒以賢良對策焉制曰朕獲承至尊休德傳之亡窮而施之罔極任大而守重是以夙夜不皇康寧永惟萬事之統猶懼有闕故廣延四方之豪儁郡國諸侯公選賢良脩絜博習之士欲聞大道之要至論之極今子大夫褎然爲舉首朕甚嘉之子大夫其精心致思朕垂聽而問焉蓋聞五帝三王之道改制作樂而天下洽和百王同之當虞氏之樂莫盛於韶於周莫盛於勺聖王已沒鐘鼓筦弦之聲未衰而大道微缺陵夷至虖桀紂之行王道大壞矣夫五百年之間守文之君當塗之士欲

則先王之法以戴翼其世者甚眾然猶不能反日以仆滅至後
王而後止豈其所持操或誖繆而失其統與固天降命不可復
反必推之於大衰而後息與烏虖凡所爲屑屑夙興夜寐務法
上古者又將無補與三代受命其符安在災異之變何緣而起
性命之情或夭或壽或仁或鄙習聞其號未燭厥理伊欲風流
而令行刑輕而姦改百姓和樂政事宣昭何脩何飭而膏露降
百穀登德潤四海澤臻屮木三光全寒暑平受天之祜享鬼神
之靈德澤洋溢施虖方外延及羣生子大夫明先聖之業習俗
化之變終始之序講聞高誼之日久矣其明以諭朕科別其條
勿猥勿并取之於術慎其所出迺其不正不直不忠不極枉于
執事書之不泄興于朕躬毋悼後害子大夫其盡心靡有所隱
朕將親覽焉仲舒對曰陛下發德音下明詔求天命與情性皆

非愚臣之所能及也臣謹案春秋之中視前世已行之事以觀
天人相與之際甚可畏也國家將有失道之敗而天迺先出災
害以譴告之不知自省又出怪異以警懼之尚不知變而傷敗
迺至以此見天心之仁愛人君而欲止其亂也自非大亡道之
世者天盡欲扶持而全安之事在彊勉而已矣彊勉學問則聞
見博而知益明彊勉行道則德日起而大有功此皆可使還至
而立有效者也詩曰夙夜匪解書云茂哉茂哉皆彊勉之謂也
道者所繇適於治之路也仁義禮樂皆其具也故聖王已沒而
子孫長久安寧數百歲此皆禮樂教化之功也王者未作樂之
時迺用先王之樂宜於世者而以深入教化於民教化之情不
得雅頌之樂不成故王者功成作樂樂其德也樂者所以變民
風化民俗也其變民也易其化人也著故聲發於和而本於情

接於肌膚臧於骨髓故王道雖微缺而筦絃之聲未衰也夫虞
氏之不爲政久矣然而樂頌遺風猶有存者是以孔子在齊而
聞韶也夫人君莫不欲安存而惡危亡然而政亂國危者甚衆
所任者非其人而所繇者非其道是以政日以仆滅也夫周道
衰於幽厲非道亡也幽厲不繇也至於宣王思昔先王之德興
滯補弊明文武之功業周道粲然復興詩人美之而作上天祐
之爲生賢佐後世稱誦至今不絕此夙夜不解行善之所致也
孔子曰人能弘道非道弘人也故治亂廢興在於己非天降命
不得可反其所操持誖謬失其統也臣聞天之所大奉使之王
者必有非人力所能致而自致者此受命之符也天下之人同
心歸之若歸父母故天瑞應誠而至書曰白魚入于王舟有火
復于王屋流爲烏此蓋受命之符也周公曰復哉復哉孔子曰

德不孤必有鄰皆積善絫德之效也及至後世淫佚衰微不能統理羣生諸侯背畔殘賊良民以爭壤土廢德教而任刑罰刑罰不中則生邪氣邪氣積於下怨惡畜於上上下不和則陰陽繆盭而妖孽生矣此災異所緣而起也臣聞命者天之令也性者生之質也情者人之欲也或夭或壽或仁或鄙陶冶而成之不能粹美有治亂之所生故不齊也孔子曰君子之德風也小人之德屮也屮上之風必偃故堯舜行德則民仁壽桀紂行暴則民鄙夭夫上之化下下之從上猶泥之在鈞唯甄者之所爲猶金之在鎔唯治者之所鑄綏之斯倈動之斯和此之謂也臣謹案春秋之文求王道之端得之於正正次王王次春春者天之所爲也正者王之所爲也其意曰上承天之所爲而下以正其所爲正王道之端云爾然則王者欲有所爲宜求其端於天

天道之大者在陰陽陽爲德陰爲刑刑主殺而德主生是故陽常居大夏而以生育養長爲事陰常居大冬而積於空虛不用之處以此見天之任德不任刑也天使陽出布施於上而主歲功使陰入伏於下而時出佐陽陽不得陰之助亦不能獨成歲終陽以成歲爲名此天意也王者承天意以從事故任德敎而不任刑刑者不可任以治世猶陰之不可任以成歲也爲政而任刑不順於天故先王莫之肯爲也今廢先王德敎之官而獨任執法之吏治民毋乃任刑之意與孔子曰不敎而誅謂之虐虐政用於下而欲德敎之被四海故難成也臣謹案春秋謂一元之意一者萬物之所從始也元者辭之所謂大也謂一爲元者視大始而欲正本也春秋深探其本而反自貴者始故爲人君者正心以正朝廷正朝廷以正百官正百官以正萬民正萬

民以正四方四方正遠近莫敢不壹於正而亡有邪氣奸其閒者是以陰陽調而風雨時羣生和而萬物殖五穀熟而屮木茂天地之閒被潤澤而大豐美四海之內聞盛德而皆徠臣諸福之物可致之祥莫不畢至而王道終矣孔子曰鳳鳥不至河不出圖吾已矣夫自悲可致此物而身卑賤不得致也今陛下貴爲天子富有四海居得致之位操可致之勢又有能致之資行高而恩厚知明而意美愛民而好士可謂誼主矣然而天地未應而美祥莫至者何也凡以教化不立而萬民不正也夫萬民之從利也如水之走下不以教化隄防之不能止也是故教化立而姦邪皆止者其隄防完也教化廢而姦邪並出刑罰不能勝者其隄防壞也古之王者明於此是故南面而治天下莫不以教化爲大務立太學以教於國設庠序以化於邑漸民以仁

摩民以誼節民以禮故其刑罰甚輕而禁不犯者教化行而習俗美也聖王之繼亂世也掃除其迹而悉去之復脩教化而崇起之教化已明習俗已成子孫循之行五六百歲尚未敗也至周之末世大爲亡道以失天下秦繼其後獨不能改又益甚之重禁文學不得挾書棄捐禮誼而惡聞之其心欲盡滅先聖之道而顓爲自恣苟簡之治故立爲天子十四歲而國破亡矣自古以來未嘗有以亂濟亂大敗天下之民如秦者也其遺毒餘烈至今未滅使習俗薄惡人民嚚頑抵冒殊扞孰爛如此之甚者也孔子曰腐朽之木不可彫也糞土之牆不可圬也今漢繼秦之後如朽木糞牆矣雖欲善治之亡可柰何法出而姦生令下而詐起如以湯止沸抱薪救火愈甚亡益也竊譬之琴瑟不調甚者必解而更張之乃可鼓也爲政而不行甚者必變而更

化之乃可理也當更張而不更張雖有良工不能善調也當更
化而不更化雖有大賢不能善治也故漢得天下以來常欲善
治而至今不可善治者失之於當更化而不更化也古人有言
曰臨淵羨魚不如退而結網今臨政而願治七十餘歲矣不如
退而更化更化則可善治善治則災害日去福祿日來詩云宜
民宜人受祿于天爲政而宜於民者固當受祿于天夫仁誼禮
知信五常之道王者所當脩飭也五者脩飭故受天之祐而享
鬼神之靈德施于方外延及羣生也天子覽其對而異焉乃復
冊之曰制曰蓋聞虞舜之時游於巖廊之上垂拱無爲而天下
太平周文王至於日昃不暇食而宇內亦治夫帝王之道豈不
同條共貫與何逸勞之殊也蓋儉者不造玄黃旌旗之飾及至
周室設兩觀乘大路朱干玉戚八佾陳於庭而頌聲興夫帝王

之道豈異指哉或曰良玉不瑑又云非文亡以輔德二端異焉
殷人執五刑以督姦傷肌膚以懲惡成康不式四十餘年天下
不犯囹圄空虛秦國用之死者甚衆刑者相望秏矣哀哉烏虖
朕夙寤晨興惟前帝王之憲永思所以奉至尊章洪業皆在力
本任賢今朕親耕籍田以爲農先勸孝弟崇有德使者冠蓋相
望問勤勞恤孤獨盡思極神功烈休德未始云獲也今陰陽錯
繆氛氣充塞羣生寡遂黎民未濟廉恥貿亂賢不肖渾殽未得
其眞故詳延特起之士意庶幾乎今子大夫待詔百有餘人或
道世務而未濟稽諸上古而不同考之于今而難行毋乃牽於
文繫而不得騁與將所繇異術所聞殊方與各悉對著于篇毋
諱有司明其指略切磋究之以稱朕意仲舒對曰臣聞堯受命
以天下爲憂而未以位爲樂也故誅逐亂臣務求賢聖是以得

舜禹稷卨咎繇眾聖輔德賢能佐職教化大行天下和洽萬民
皆安仁樂誼各得其宜動作應禮從容中道故孔子曰如有王
者必世而後仁此之謂也堯在位七十載迺遜于位以禪虞舜
堯崩天下不歸堯子丹朱而歸舜舜知不可辟乃即天子之位
以禹為相因堯之輔佐繼其統業是以垂拱無為而天下治孔
子曰韶盡美矣又盡善也此之謂也至於殷紂逆天暴物殺戮
賢知殘賊百姓伯夷太公皆當世賢者隱處而不為臣守職之
人皆奔走逃亡入於河海天下耗亂萬民不安故天下去殷而
從周文王順天理物師用賢聖是以閎夭大顛散宜生等亦聚
於朝廷愛施兆民天下歸之故太公起海濱而即三公也當此
之時紂尚在上尊卑昏亂百姓散亡故文王悼痛而欲安之是
以日昃而不暇食也孔子作春秋先正王而繫萬事見素王之

文焉繇此觀之帝王之條貫同然而勞逸異者所遇之時異也孔子曰武盡美矣未盡善也此之謂也臣聞制度文采玄黃之飾所以明尊卑異貴賤而勸有德也故春秋受命所先制者改正朔易服色所以應天也然則宮室旌旗之制有法而然者也故孔子曰奢則不遜儉則固儉非聖人之中制也臣聞良玉不瑑資質潤美不待刻瑑此亡異於達巷黨人不學而自知也然則常玉不瑑不成文章君子不學不成其德臣聞聖王之治天下也少則習之學長則材諸位爵祿以養其德刑罰以威其惡故民曉於禮誼而恥犯其上武王行大誼平殘賊周公作禮樂以文之至於成康之隆囹圄空虛四十餘年此亦教化之漸而仁誼之流非獨傷肌膚之效也至秦則不然師申商之法行韓非之說憎帝王之道以貪狼為俗非有文德以教訓於天下也

誅名而不察實爲善者不必免而犯惡者未必刑也是以百官皆飾空言虛辭而不顧實外有事君之禮內有背上之心造僞飾詐趣利無耻又好用憯酷之吏賦斂亡度竭民財力百姓散亡不得從耕織之業羣盜並起是以刑者甚衆死者相望而姦不息俗化使然也故孔子曰導之以政齊之以刑民免而無耻此之謂也今陛下并有天下海內莫不率服廣覽兼聽極羣下之知盡天下之美至德昭然施于方外夜郎康居殊方萬里說德歸誼此太平之致也然而功不加於百姓者殆王心未加焉曾子曰尊其所聞則高明矣行其所知則光大矣高明光大不在於它在乎加之意而已願陛下因用所聞設誠於內而致行之則三王何異哉陛下親耕藉田以爲農先夙寤晨興憂勞萬民思惟往古而務以求賢此亦堯舜之用心也然而未云獲者

士素不厲也夫不素養士而欲求賢譬猶不琢玉而求文采也故養士之大者莫大虖太學太學者賢士之所關也教化之本原也今以一郡一國之衆對亡應書者是王道往往而絕也臣願陛下興太學置明師以養天下之士數考問以盡其材則英俊宜可得矣今之郡守縣令民之師帥所使承流而宣化也故師帥不賢則主德不宣恩澤不流今吏既亡教訓於下或不承用主上之法暴虐百姓與姦為市貧窮孤弱冤苦失職甚不稱陛下之意是以陰陽錯繆氛氣充塞羣生寡遂黎民未濟皆長吏不明使至於此也夫長吏多出於郎中中郎吏二千石子弟選郎吏又以富訾未必賢也且古所謂功者以任官稱職為差非所謂積日絫久也故小材雖絫日不離於小官賢材雖未久不不害為輔佐是以有司竭力盡知務治其業而以赴功今則不

然猶日以取貴積久以致官是以廉恥貿亂賢不肖渾殽未得其眞臣愚以爲使諸列侯郡守二千石各擇其吏民之賢者歲貢各二人以給宿衛且以觀大臣之能所貢賢者有賞所貢不肖者有罰夫如是諸侯吏二千石皆盡心於求賢天下之士可得而官使也偏得天下之賢人則三王之盛易爲而堯舜之名可及也毋以日月爲功實試賢能爲上量材而授官錄德而定位則廉恥殊路賢不肖異處矣陛下加惠寬臣之罪令勿牽制於文使得切磋究之臣敢不盡愚於是天子復冊之制曰蓋聞善言天者必有徵於人善言古者必有驗於今故朕垂問虖天人之應上嘉唐虞下悼桀紂寖微寖滅寖明寖昌之道虛心以改今子大夫明於陰陽所以造化習於先聖之道業然而文采未極豈惑虖當世之務哉條貫靡竟統紀未終意朕之不明與

聽若眩與夫三王之教所祖不同而皆有失或謂久而不易者道也意豈異哉今子大夫既已著大道之極陳治亂之端矣其悉之究之孰之復之詩不云虖嗟爾君子毋常安息神之聽之介爾景福朕將親覽焉子大夫其茂明之仲舒復對曰臣聞論語曰有始有卒者其唯聖人虖今陛下幸加惠留聽於承學之臣復下明冊以切其意而究盡聖德非愚臣之所能具也前所上對條貫靡竟統紀不終辭不別白指不分明此臣淺陋之罪也冊曰善言天者必有徵於人善言古者必有驗於今臣聞天者羣物之祖也故徧覆包函而無所殊建日月風雨以和之經陰陽寒暑以成之故聖人法天而立道亦溥愛而亡私布德施仁以厚之設誼立禮以導之春者天之所以生也仁者君之所以愛也夏者天之所以長也德者君之所以養也霜者天之所

以殺也刑者君之所以罰也繇此言之天人之徵古今之道也孔子作春秋上揆之天道下質諸人情參之於古考之於今故春秋之所譏災害之所加也春秋之所惡怪異之所施也書邦家之過兼災異之變以此見人之所為其美惡之極乃與天地流通而往來相應此亦言天之一端也古者脩教訓之官務以德善化民民已大化之後天下常亡一人之獄矣今世廢而不脩亡以化民民以故棄行誼而死財利是以犯法而罪多一歲之獄以萬千數以此見古之不可不用也故春秋變古則譏之天令之謂命命非聖人不行質樸之謂性性非教化不成人欲之謂情情非度制不節是故王者上謹於承天意以順命也下務明教化民以成性也正法度之宜別上下之序以防欲也脩此三者而大本舉矣人受命於天固超然異於羣生入有父子

兄弟之親出有君臣上下之誼會聚相遇則有耆老長幼之施
粲然有文以相接驩然有恩以相愛此人之所以貴也生五穀
以食之桑麻以衣之六畜以養之服牛乘馬圈豹檻虎是其得
天之靈貴於物也故孔子曰天地之性人爲貴明於天性知自
貴於物知自貴於物然後知仁誼知仁誼然後重禮節重禮節
然後安處善安處善然後樂循理樂循理然後謂之君子故孔
子曰不知命亡以爲君子此之謂也册曰上嘉唐虞下悼桀紂
寖微寖滅寖明寖昌之道虛心以改臣聞眾少成多積小致鉅
故聖人莫不以晻致明以微致顯是以堯發於諸侯舜興虖深
山非一日而顯也蓋有漸以致之矣言出於已不可塞也行發
於身不可掩也言行治之大者君子之所以動天地也故盡小
者大慎微者著詩云惟此文王小心翼翼故堯兢兢日行其道

而舜業業日致其孝善積而名顯德章而身尊此其寖明寖昌
之道也積善在身猶長日加益而人不知也積惡在身猶火之
銷膏而人不見也非明虖情性察虖流俗者孰能知之此唐虞
之所以得令名而桀紂之可爲悼懼者也夫善惡之相從如景
鄉之應形聲也故桀紂暴謾讒賊並進賢知隱伏惡日顯國日
亂晏然自以如日在天終陵夷而大壞夫暴逆不仁者非一日
而亡也亦以漸至故桀紂雖亡道然猶享國十餘年此其寖微
寖滅之道也册曰三王之教所祖不同而皆有失或謂久而不
易者道也意豈異哉臣聞夫樂而不亂復而不厭者謂之道道
者萬世亡弊弊者道之失也先王之道必有偏而不起之處故
政有眊而不行舉其偏者以補其弊而已矣三王之道所祖不
同非其相反將以捄溢扶衰所遭之變然也故孔子曰亡爲而

治者其舜虖改正朔易服色以順天命而已其餘盡循堯道何更為哉故王者有改制之名亡變道之實然夏上忠殷上敬周上文者所繼之捄當用此也孔子曰殷因於夏禮所損益可知也周因於殷禮所損益可知也其或繼周者雖百世可知也此言百王之用以此三者矣夏因於虞而獨不言所損益者其道如一而所上同也道之大原出于天天不變道亦不變是以禹繼舜舜繼堯三聖相受而守一道亡救弊之政也故不言其所損益也繇是觀之繼治世者其道同繼亂世者其道變今漢繼大亂之後若宜少損周之文致用夏之忠者陛下有明德嘉道愍世俗之靡薄悼王道之不昭故舉賢良方正之士論誼考問將欲興仁誼之休德明帝王之法制建太平之道也臣愚不肖述所聞誦所學道師之言廑能勿失耳若迺論政事之得失察

天下之息耗此大臣輔佐之職三公九卿之任非臣仲舒所能及也然而臣竊有怪者夫古之天下亦今之天下今之天下亦古之天下共是天下古亦大治上下和睦習俗美盛不令而行不禁而止吏亡姦邪民亡盜賊囹圄空虛德潤草木澤被四海鳳凰來集麒麟來游以古準今壹何不相逮之遠也安所繆盭而陵夷若是意者有所失於古之道與有所詭於天之理與試迹之古返之於天黨可得見乎夫天亦有所分予予之齒者去其角傅其翼者兩其足是所受大者不得取小也古之所予祿者不食於力不動於末是亦受大者不得取小與天同意者也夫已受大又取小天不能足而況人虖此民之所以囂囂苦不足也身寵而載高位家溫而食厚祿因乘富貴之資力以與民爭利於下民安能如之哉是故眾其奴婢多其牛羊廣其田宅

博其產業畜其積委務此而亡已以迫蹵民民日削月朘寖以大窮富者奢侈羨溢貧者窮急愁苦窮急愁苦而上不救則民不樂生民不樂生尚不避死安能避罪此刑罰之所以蕃而姦邪不可勝者也故受祿之家食祿而已不與民爭業然後利可均布而民可家足此上天之理而亦太古之道天子之所宜法以為制大夫之所當循以為行也故公儀子相魯之其家見織帛怒而出其妻食於舍而茹葵慍而拔其葵曰吾已食祿又奪園夫紅女利虖古之賢人君子在列位者皆如是是故下高其行而從其教民化其廉而不貪鄙及至周室之衰其卿大夫緩於誼而急於利亡推讓之風而有爭田之訟故詩人疾而刺之曰節彼南山惟石巖巖赫赫師尹民具爾瞻爾好誼則民鄉仁而俗善爾好利則民好邪而俗敗由是觀之天子大夫者下民

之所覩效遠方之所四面而內望也近者視而放之遠者望而
效之豈可以居賢人之位而為庶人行哉夫皇皇求財利常恐
乏匱者庶人之意也皇皇求仁義常恐不能化民者大夫之意
也易曰負且乘致寇至乘車者君子之位也負擔者小人之事
也此言居君子之位而為庶人之行者其患禍必至也若居君
子之位當君子之行則舍公儀休之相魯亡可為者矣春秋大
一統者天地之常經古今之通誼也今師異道人異論百家殊
方指意不同是以上亡以持一統法制數變下不知所守臣愚
以為諸不在六藝之科孔子之術者皆絕其道勿使並進邪辟
之說滅息然後統紀可一而法度可明民知所從矣對既畢天
子以仲舒為江都相事易王易王帝兄素驕好勇仲舒以禮誼
匡正王敬重焉久之王問仲舒曰粵王句踐與大夫泄庸種蠡

謀伐吳遂滅之孔子稱殷有三仁寡人亦以為粵有三仁桓公決疑於管仲寡人決疑於君仲舒對曰臣愚不足以奉大對聞昔者魯君問柳下惠吾欲伐齊何如柳下惠曰不可歸而有憂色曰吾聞伐國不問仁人此言何為至於我哉徒見問爾且猶羞之況設詐以伐吳虖繇此言之粵本無一仁夫仁人者正其誼不謀其利明其道不計其功是以仲尼之門五尺之童羞稱五伯為其先詐力而後仁誼也苟為詐而已故不足稱於大君子之門也五伯比於他諸侯為賢其比三王猶武夫之與美玉也王曰善仲舒治國以春秋災異之變推陰陽所以錯行故求雨閉諸陽縱諸陰其止雨反是行之一國未嘗不得所欲中廢為中大夫先是遼東高廟長陵高園殿災仲舒居家推說其意屮稾未上主父偃候仲舒私見嫉之竊其書而奏焉上召視諸

爲仲舒弟子呂步舒不知其師書以爲大愚於是下仲舒吏當死詔赦之仲舒遂不敢復言災異仲舒爲人廉直是時方外攘四夷公孫弘治春秋不如仲舒而弘希世用事位至公卿仲舒以弘爲從諛弘嫉之膠西王亦上兄也尤縱恣數害吏二千石弘乃言於上曰獨董仲舒可使相膠西王膠西王聞仲舒大善待之仲舒恐久獲辠病免凡相兩國輒事驕王正身以率下數上疏諫爭教令國中所居而治及去位歸居終不問家産業以脩學著書爲事仲舒在家朝廷如有大議使使者及廷尉張湯就其家而問之其對皆有明灋自武帝初立魏其武安侯爲相而隆儒矣及仲舒對册推明孔氏抑黜百家立學校之官州郡舉茂材孝廉皆自仲舒發之年老以壽終於家家徙茂陵子及孫皆以學至大官仲舒所著皆明經術之意及上疏條教凡百

二十三篇而說春秋事得失聞舉玉杯蕃露清明竹林之屬復數十篇十餘萬言皆傳於後世掇其切當世施朝廷者著于篇

贊曰劉向稱董仲舒有王佐之材雖伊呂亡以加筦晏之屬伯者之佐殆不及也至向子歆以爲伊呂乃聖人之耦王者不得則不興故顏淵死孔子曰噫天喪余唯此一人爲能當之自宰我子贛子游子夏不與焉仲舒遭漢承秦滅學之後六經離析下帷發憤潛心大業令後學者有所統壹爲羣儒首然考其師友淵源所漸猶未及虖游夏而曰筦晏弗及伊呂不加過矣至向曾孫龔篤論君子也以歆之言爲然

・董子事蹟略見本傳以發明董子學應附錄焉劉向尊董子
・爲王佐所謂素相也劉歆力攻董學者雖有微辭然亦不能
・不爲統壹諸學爲羣儒首孔子之文在仲舒漢時殆無異論

乎

董氏學附傳

弟子梁應騶陳國鏞初校

弟子王覺任康同勳覆校

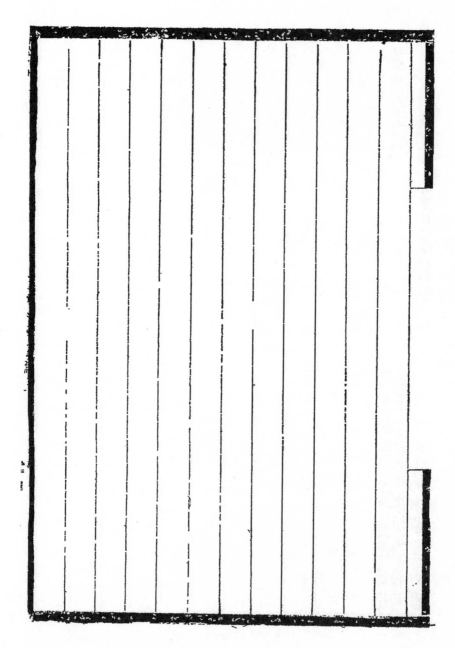

百年精華

春秋董氏學

著作者◆康有為
發行人◆施嘉明
總編輯◆方鵬程
主編◆葉幗英
責任編輯◆吳素慧
美術設計◆吳郁婷

出版發行：臺灣商務印書館股份有限公司
臺北市重慶南路一段三十七號
電話：(02)2371-3712
讀者服務專線：0800056196
郵撥：0000165-1
網路書店：www.cptw.com.tw
E-mail：ecptw@cptw.com.tw
網址：www.cptw.com.tw

局版北市業字第 993 號
初版一刷：1969 年 1 月
初版二刷：2011 年 10 月
定價：新台幣 420 元

ISBN 978-957-05-2564-9

春秋董氏學／康有為著. -- 初版. -- 臺北市：
臺灣商務，2011. 10
面；公分. --（百年精華）
ISBN 978-957-05-2564-9(平裝)

1. 公羊傳　2. 研究考訂

621.717　　99021475